强国书系

意娜◎著

人民日报出版社
北京

图书在版编目（CIP）数据

文化强国 / 意娜著 .— 北京：人民日报出版社，2023.4

ISBN 978-7-5115-7421-3

Ⅰ.①文…　Ⅱ.①意…　Ⅲ.①文化事业—建设—研究—中国　Ⅳ.①G12

中国版本图书馆CIP数据核字（2022）第129934号

书　　名：文化强国
WENHUA QIANGGUO
著　　者：意　娜

出 版 人：刘华新
策 划 人：欧阳辉
责任编辑：曹　腾　季　玮
版式设计：九章文化

出版发行：人民日报出版社
社　　址：北京金台西路2号
邮政编码：100733
发行热线：(010) 65369509　65369527　65369846　65369512
邮购热线：(010) 65369530　65363527
编辑热线：(010) 65369523
网　　址：www.peopledailypress.com
经　　销：新华书店
印　　刷：大厂回族自治县彩虹印刷有限公司
法律顾问：北京科宇律师事务所　（010）83622312

开　　本：710mm×1000mm　1/16
字　　数：135千字
印　　张：14.25
版次印次：2023年5月第1版　　2023年5月第1次印刷

书　　号：ISBN 978-7-5115-7421-3
定　　价：58.00元

总　序

新征程指向新目标，新目标引领新征程。

在党的二十大报告中，习近平总书记浓墨重彩地描绘了“分两步走”全面建成富强民主文明和谐美丽的社会主义现代化强国的宏伟蓝图，开启了全面建设社会主义现代化国家新征程。

这是一个划时代的战略谋划，是一段将永载史册的壮丽征程。

新征程之“新”，体现为中国共产党的中心任务的明确：“团结带领全国各族人民全面建成社会主义现代化强国、实现第二个百年奋斗目标，以中国式现代化全面推进中华民族伟大复兴。”这是我们党作出的郑重宣示，是激励全党全国各族人民奋进新征程、建功新时代的总动员令。

新征程之“新”，体现为社会主义现代化强国建设道路的科学谋划：新中国成立特别是改革开放以来，我们用几十年时间走完西方发达国家几百年走过的工业化历程，创造了经济快速发展和社会长期稳定的奇迹，成功走出了中国式现代化道路，为中华民族伟大复兴开辟了广阔前景。党的十八大以来，我们党在已有基础上继续前进，不断实现理论和实践上的创新突破，成功推进和拓展了中国式现代化。中国式现代化是党领导人民长期探索和实践的重大成果，符合中国实际、反映中国人民意愿、适应时代发展要求，既体现了社会主义建设规律，也体现了人类社会发展规律，是实现社会主义现代化的必由之路，是创造人民美好生活的必由之路，是实现中华民族伟大复兴的必由之路。实践充分证明，中国式现代化不仅走得对、走得通，而且走得稳、走得好！

新征程之“新”，体现为社会主义现代化强国内涵的丰富和拓展：党的二十大报告指出，到二〇三五年，建成教育强国、科技强国、人才强国、文化强国、体育强国、健康中国；要求加快建设制造强国、质量强国、航天强国、交通强国、网络强国、数字中国，加快建设农业强国、海洋强国、贸易强国。这擘画了全面建成社会主义现代化强国的宏伟蓝图，目标清晰、任务明确，吹响了奋进号角。

新征程的开启，新目标的设定，均建立在中国共产党百余年持续不懈奋斗取得的巨大成就基础之上。

100多年来，中国共产党和中国人民创造一个又一个彪炳史册的人间奇迹，为开启全面建设社会主义现代化国家新征程，奠定了雄厚的理论基础、实践基础、制度基础。自成立之日起，我们党领导人民进行28年浴血奋战，完成新民主主义革命，为实现现代化创造了根本社会条件。新中国成立后，中国共产党人将现代化国家建设提上具体议事日程，团结带领人民取得社会主义革命和建设的伟大成就，为现代化建设奠定了根本政治前提和宝贵经验、理论准备、物质基础。改革开放后，中国共产党人对中国式现代化的探索不断深化，团结带领人民取得改革开放和社会主义建设的伟大成就，为中国式现代化提供了充满新的活力的体制保证和快速发展的物质条件。中国特色社会主义进入新时代，中国共产党人在已有基础上继续前进，不断实现中国式现代化理论和实践上的创新突破，为中国式现代化提供了更为完善的制度保证、更为坚实的物质基础、更为主动的精神力量，也成为开启全面建设社会主义现代化国家新征程最直接、最现实的依据。

开启新征程，既是一项光明而前途远大的神圣事业，更是一项需要经过长期奋斗、付出巨大努力才能实现的伟大事业。全面建成社会主义现代化强国、以中国式现代化全面推进中华民族伟大复兴，绝不是轻轻松松、敲锣打鼓就能实现的，必须准备付出更为艰巨、更为艰苦的努力。

船行大海，离不开灯塔的引航；伟大征程，离不开科学理论的指南。

党的十八大以来，以习近平同志为核心的党中央紧紧围绕新时代坚持和发展什么样的中国特色社会主义、怎样坚持和发展中国特色社会主义，建设什么样的社会主义现代化强国、怎样建设社会主义现代化强国，建设什么样的长期执政的马克思主义政党、怎样建设长期执政的马克思主义政党等重大时代课题，进行艰辛理论探索，取得重大理论创新成果，创立了习近平新时代中国特色社会主义思想。习近平新时代中国特色社会主义思想，是当代中国马克思主义、二十一世纪马克思主义，是中华文化和中国精神的时代精华，是全党全国人民全面建设社会主义现代化国家、为实现中华民族伟大复兴而奋斗的行动指南，为我们全面建设社会主义现代化国家、谱写社会主义现代化新征程的壮丽篇章提供了根本遵循。

凡是过往，皆为序章。

开启新征程，我们更有信心和底气实现新目标。

有习近平新时代中国特色社会主义思想的科学指引，有中国共产党的坚强领导，有中国式现代化的显著优势，有全党全国人民团结奋斗的磅礴伟力，全面建成社会主义现代化强国的目标一定能够实现，中华民族伟大复兴的中国梦一定能够实现！

为帮助广大党员干部深刻理解全面建成社会主义现代化强国的奋斗目标，系统把握全面建成社会主义现代化强国的战略安排，人民日报出版社组织知名专家学者撰写“强国书系”，从不同侧面系统阐述社会主义现代化强国的丰富内涵和推进路径。我相信，“强国书系”的编撰出版，对于广大读者理解新思想、锚定新目标、奋进新征程，都具有一定的理论和实践指导意义。

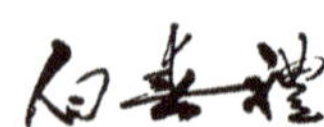

目　录

第一章 文/化/强/国

社会主义文化强国理论历程

文化兴国运兴，文化强民族强。没有高度的文化自信，没有文化的繁荣兴盛，就没有中华民族伟大复兴。一百多年来，中国共产党团结带领全国各族人民探索奋斗，走出了一条中国特色社会主义文化发展之路。中国特色社会主义进入新时代，中国精神、中国价值、中国力量的恢弘气象大大展现，中国人民的志气、骨气、底气大大增强，为新时代开创党和国家事业新局面提供了坚强思想保证和强大精神力量。中国特色社会主义是全面发展、全面进步的伟大事业，没有社会主义文化繁荣发展，就没有社会主义现代化。党的二十大提出到二〇三五年建成文化强国，标志着我们党对文化建设重要地位及其规律认识的进一步深化，为继续推进社会主义文化强国建设提供重要遵循。

第一节 社会主义文化强国的理论渊源

在2011年10月党的十七届六中全会上，党中央第一次提出了建设社会主义文化强国，深谋远虑地提出了我国文化建设的远景目标。这一目标在2020年10月十九届五中全会上第一次有了时间表，也就是要在2035年建成社会主义文化强国。2021年11月，十九届六中全会再次提到建设社会主义文化强国，也就是我们社会主义现代化强国建设的文化维度。会上提出要激发全民族文化创新创造活力，更好构筑中国精神、中国价值、中国力量。这距离党中央提出建设社会主义文化强国的重大命题正好十年。习近平总书记在二十大报告中指出，全面建设社会主义现代化国家，必须坚持中国特色社会主义文化发展道路，增强文化自信，围绕举旗帜、聚民心、育新人、兴文化、展形象建设社会主义文化强国，发展面向现代化、面向世界、面向未来的，民族的科学的大众的社会主义文化，激发全民族文化创新创造活力，增强实现中华民族伟大复兴的精神力量。

述及社会主义文化强国的理论渊源，同样离不开多种理论和经验来源的融合，即以马克思主义理论为依据，植根中华优秀传统文化，充分总结中国共产党百余年奋斗史的实践经验。这三部分理论可以说为社会主义文化强国建设提供了理论支撑。

（一）马克思主义文化建设理论

中国共产党的历史，是一部不断推进马克思主义中国化的历史。中国革命、建设、改革的实践，是坚持把马克思主义基本原理同中国具体实践相结合、同中华优秀传统文化相结合，不断推进马克思主义中国化时代化，并用马克思主义来指导的。对马克思主义理论自觉地继承与创新，也是我们理论发展的重要组成部分。

在马克思主义理论原典中，文化理论并没有像哲学和政治经济学一样专门成书，但通过对文明的论述、对宗教的论述、对精神生产的论述和对精神生活的论述，马克思主义理论体系中仍然建构起坚实的文化理论大厦。马克思主义文化理论，辨析了文化的本质、文化发展的动力、文化的特征与功能，这些都成为社会主义文化强国理论的重要支撑。

在马克思、恩格斯看来，精神生产与物质生产相对应，是人们物质行动的直接产物。精神生产的主体是具体的、历史的人，人们是自己观念、思想等的生产者。人的劳动，不仅是获取生活资料，也是在按照自己的愿望和美的需求实现本质力量的对象化。人类精神生产活动的本质是人的自觉、有意识、自由的活动。文化也是由低级向高级发展的，随着生产力的提升和生产工具的进步，人类从生存需要的劳动中解放出来，有更多精力投入精神生产和社会交往，从而推动了文化的不断发展。这就指导我们，文化强国要以人为本，立足于广大人民群众，凝聚人民群众团结奋斗的强大力量。

文化具有独立性和阶级性的特征。精神生产是物质劳动与精神劳动分离的结果，只有物质生产力发展到一定的程度才能实现。“经济上落后的国家在哲学上仍然能够演奏第一小提琴”[①]，显示了经济基础尽管决定上层建筑，但对文化的影响是间接的，文化具有一定的独立性。“统治阶级的思想在每一时代都是占统治地位的思想”[②]，社会文化必然会带有意识形态色彩。随着生产全球化，生产要素出现大规模的跨国界流动，文化必然也面临着开放性的要求。我们要重视文化的开放，在文明的交流互鉴中推进文化强国建设。

文化的功能是多样的。文化具有教化作用，优秀文化能够对个体产生塑造和同化作用。劳动实践是群体性的，因此产生的文化应具有群体性。所以文化在群体内部会起到整合观念、

---

① 《马克思恩格斯选集》(第4卷)，人民出版社，2012年，第612页。

② 《马克思恩格斯选集》(第1卷)，人民出版社，2012年，第178页。

聚合成员、识别同类的作用。同时，精神生产本身是随着物质生产的改造而改造，它常常敏锐地体现出发展的历史方向，在群体之间调节社会关系，推动社会生产力进一步发展。我们要重视文化传承，充分发挥文化的引领功能、推动功能和服务功能，在中华优秀传统文化基础上推进社会主义文化强国建设。

（二）中华优秀传统文化资源

中华优秀传统文化给社会主义文化强国建设提供了丰厚文化资源。中华传统文化参与塑造我们的价值观，增强我们的文化吸引力，提升我们的道德素养，倡导我们在文化自信基础上参与文明间的交流互鉴。

社会主义核心价值观是中国共产党凝魂聚气、强基固本的基础，而中华优秀传统文化则是涵养社会主义核心价值观的重要源泉。中华优秀传统文化包括丰富的哲学思想、人文精神、教化思想、道德理念等，增强了我们的文化吸引力。习近平总书记多次引用古代经典来阐述人民至上，即人民才是国家的根基，如“人视水见形，视民知治不”（人在水中可以照见自己的样子，在民众中可以看出政治治理的状况），“利民之事，丝发必兴；厉民之事，毫末必去”（但凡是于民有利的事情，一丝一发也要推行；于民有害的事情，一毫一末也必须革除）等[①]。

中华优秀传统文化提升了我们的道德素养。古人所说的“先天下之忧而忧，后天下之乐而乐”的政治抱负，“苟利国家生死以，岂因祸福避趋之”的报国情怀，“富贵不能淫，贫贱不能移，威武不能屈”的浩然正气，“人生自古谁无死，留取丹心照汗青”的献身精神等，都体现了中华民族的优秀传统文化和民族精神，我们都应该继承和发扬。

中华优秀传统文化树立了我们的文化自信，倡导我们开展不同文明间的交流互鉴。文化交流要尊重不同文明之间的差异，优势互补，所谓“一花独放不是春，百花齐放春满园”；中国优秀传统文化注重的讲仁爱、重民本、守诚信、崇正义、尚和合、求大同，在当下仍然具有珍贵价值。

（三）中国共产党百余年奋斗史的实践经验

在人类历史上多次出现过跨大洲甚至全球性的霸权国家，这些国家尽管曾经拥有最无敌的军事力量、极为广阔的土地、大量的殖民地，掌握着全球的资源、贸易命脉，却仍然很快被历史淘汰。古罗马帝国、19世纪的大英帝国等，都没有逃过这

① 《习得——习近平引用的古典名句·民本篇》，《人民日报海外版》2014年5月15日。

一魔咒。而中国共产党执政以来，充分吸取西方的有益经验和失败教训，以史为鉴，形成了经济建设、政治建设、文化建设、社会建设、生态文明建设“五位一体”总体布局，其中文化建设是重要的支柱。

中国共产党历代领导集体都形成了不同时期的文化建设思想和实践经验，它们都为社会主义文化强国理论奠定了基础，成为其直接的理论来源。

新民主主义革命时期的文化建设思想集中体现在《在延安文艺座谈会上的讲话》中，提出建立中华民族的新文化，也就是无产阶级领导的反帝反封建的文化，它是民族的、科学的、大众的新民主主义文化，对政治经济有巨大的推动作用。进入社会主义革命和建设时期，文化建设明确提出为人民服务，为社会主义的国家服务，要求“古为今用，洋为中用”，继承并发扬了新民主主义革命时期的文化思想，而文化的发展方针则是在艺术问题上“百花齐放”，在学术问题上“百家争鸣”。

进入改革开放和社会主义现代化建设新时期，社会主义文化建设重新调整了方向，逐步开始探索有中国特色的社会主义文化思想。党的十二大确立精神文明建设是党的战略方针和社会主义的重要特征，能够决定社会主义的兴衰成败。从此，物质文明和精神文明“两手抓”，“两手硬”。新世纪，我们进一步明确“有中国特色社会主义文化”的概念，确定了物质文明、精神文明和政治文明三位一体的发展要求，对“先进文化”的认识达到新的高度。党的十六大正式提出新时期的文化建设纲领是发展先进文化，就是发展面向现代化、面向世界、面向未来的，民族的科学的大众的社会主义文化。十六大以后，文化建设主题进一步调整为繁荣社会主义先进文化，建设和谐文化。和谐既包括在社会主义核心价值体系内部实现社会的平衡，更包括“和谐世界”理念，多种表现形式的文化在世界范围内要相互尊重、求同存异、共同繁荣。文化“走出去”与“引进来”相结合，需要提高国家的文化软实力，建设社会主义文化强国。中国特色社会主义进入新时代，我们坚持以社会主义核心价值观引领文化建设，注重用社会主义先进文化、革命文化和中华优秀传统文化培根铸魂。党的二十大报告提出，要以社会主义核心价值观为引领，发展社会主义先进文化，弘扬革命文化，传承中华优秀传统文化，满足人民日益增长的精神文化需求，巩固全党全国各族人民团结奋斗的共同思想基础。

第二节 | 文化强国理论的现实依据

党的二十大报告提出，中国共产党人深刻认识到，只有把马克思主义基本原理同中国具体实际相结合、同中华优秀传统文化相结合，坚持运用辩证唯物主义和历史唯物主义，才能正确回答时代和实践提出的重大问题，才能始终保持马克思主义的蓬勃生机和旺盛活力。社会主义文化强国的提出，不仅是马克思主义中国化时代化和中国共产党百余年奋斗实践的结果，而且是时代的需求，具有强烈的现实导向性，从个体和社会的层面、民族和国家的层面，乃至全球发展形势的层面，都有充分的现实依据。

（一）个体与社会层面的现实依据

中国特色社会主义进入新时代，社会主要矛盾已经转化为人民日益增长的美好生活需要和不平衡不充分的发展之间的矛盾。社会主义文化强国目标的提出，是不断满足文化创造者，也就是广大人民群众在社会全面发展进步过程中，对美好文化生活向往的需要，不断满足社会中个体的自由全面发展需求。

和平与发展仍然是时代主题，和平安定的社会环境为文化发展提供重要基础。在中国历史上，汉唐时期的文化繁荣都与相对安定的社会环境有关。国际社会中，美国、日本和韩国文化的迅速发展，也与第二次世界大战后相对和平的国际环境相关。党的十九大报告中强调，当代中国共产党人和中国人民应该而且一定能够担负起新的文化使命，在实践创造中进行文化创造，在历史进步中实现文化进步！

新时代是以互联网为重要媒介方式的时代。社会治理逐步数字化与智能化，互联网成为文化的重要阵地和平台。互联网对媒介的变革，是世界文化的大事件。在传播速度、全球实时交流的渠道、全球共享表达方式的创造、内容复制和再创的模式等方面，都是过去难以想象的。这一媒介革命促成新文化形态的出现，给人民群众自己创造文化产品提供了可能，传统意义上的“主流”和“民间”边界越来越模糊。我们一直都重视人民的能动性，鼓励人民的文化创造，互联网时代的到来，给这一理念提供了更便捷的平台。

党的十八大以来，随着党中央对文化强国战略的部署和领导，文化领域的改革渐次铺开，党中央对意识形态工作、党的理论创新、文化思想宣传工作等有了新的要求，产生了一系列新理论，在文化领域有了新的布局，也给文化强国建设提供了发展契机。社会主义文化强国建设，将努力满足人民群众多层次、多样化、多方面的文化需求，做好人民不懈奋斗的思想保障和精神支撑。

（二）民族与国家层面的现实依据

社会主义文化强国目标的提出，是实现中华民族伟大复兴的重要基础，也是其必然要求和迫切需求。改革开放40多年来，中国特色社会主义事业取得巨大成就，在经济发展、政治建设、社会繁荣和生态文明等方面都取得长足进步，为文化强国建设提供了丰厚的物质保障和稳定的社会基础。党的十九届六中全会召开并作出第三个历史决议，如期打赢脱贫攻坚战，如期全面建成小康社会，实现第一个百年奋斗目标，开启全面建设社会主义现代化国家新征程，在中华民族伟大复兴历史进程中写下了浓墨重彩的一笔。文化强国的建设，能够大大增强民族自尊心和自信心，恰逢其时。

互联网时代的到来，改变着传统思维方式，同时要清醒地看到也给西方文化帝国主义、文化霸权主义和以文化为幌子的政治侵蚀扩张提供了更多机会。如今的文化渗透，已经不是过去那种赤裸裸的宣扬，而是以各种隐蔽的形式潜移默化地影响和危害目标群体。面对这种新的挑战，单纯的被动防御已经不足以应对，唯有增强自身的文化影响力、传播力和感染力，才能增强文化自信，与西方文化产品平等交流，形成健康的网络文化环境。

在互联网时代，社会主流思想受到多元价值观的猛烈冲击，各种封建糟粕伴随着社交媒体的发展死灰复燃、攻城略地。西方所谓的“普世价值观”、历史虚无主义乘虚而入，改头换面大张旗鼓宣传自身。极少数人对社会主义核心价值观阳奉阴违，对中华民族共同体的认同感削弱，甚至于对中国共产党执政合法性的信念产生动摇。在这一历史时期，适时大力推进社会主义文化强国的建设，是全面建设社会主义现代化国家的战略任务，以文化的软实力提供国家地位的硬支撑。可以说，文化强国建设是我国改革开放发展经验的总结，也是未来发展目标的集成性概括。文化强国在“五位一体”总体布局中，提供智力支持和精神保障。

（三）全球发展形势的现实依据

面对“百年未有之大变局”，当今世界出现逆全球化的趋势。在这样的情况下，中国作为世界第二大经济体，不断为世界贡献着中国经验、中国方案，有能力也有责任在全球事务中发挥更大作用，同各国一道为解决全人类问题作出更大贡献。然而，有些国家并不真正了解发展中的中国，由于意识形态和社会制度的差异，一些西方发达国家全面否定我们的价值观、意识形态和发展成果，并继续借助文化全球化来推行文化帝国主义、文化霸权主义和文化殖民主义，通过把控互联网主要社交平台和媒介话语权，扶植非英语国家的意见领袖引导舆论，对非西方国家的价值观进行压制和侵蚀。有的学者探讨苏联解体的教训之一，就是苏联在历史上尽管有非常丰厚的文化资源，但始终没有建立起与其政治体制相匹配的文化理念。所有这一切，都成为我们建设社会主义文化强国的重要国际背景和迫切需求。

晚清学者赵振在报纸上写道，当时的世界格局正在由“实力”竞争转向“虚力”竞争，也就是无形的国家力量[①]。国内外的历史经验都告诉我们，文化在综合国力竞争中起着重要的“虚力”作用，经济建设是党的中心工作，意识形态工作是党的一项极端重要的工作。在这样的形势下，中国提出社会主义文化强国建设，不仅是本国的发展需要，更是建设人类命运共同体的必然要求，彰显中国继续为人类文明发展进步作出贡献，对当今世界潮流的深刻洞察和准确把握，体现了中国担当。依托中国发展的生动实践和感人事迹，立足5000多年的中华文明，在国际传播中全面阐述我国的发展观、文明观、安全观、人权观、生态观、国际秩序观和全球治理观，倡导多边主义，反对单边主义、霸权主义。

① 赵振，《说败》，《清议报》，中华书局，1991年，第5443页。

第三节 建设文化强国是中国共产党的使命与选择

意识形态决定文化前进方向，对政党、国家、民族的生存和发展都十分重要。意识形态领域的斗争十分激烈，从苏联的历史教训可见，全面否定苏联和苏共的历史，搞历史虚无主义，不仅丧失苏联共产党对意识形态的领导权，甚至军队的领导权，而且导致一个庞大的社会主义国家的分崩离析。我们既要牢牢抓紧并稳住党在经济建设工作中的中心工作地位，也绝不能忽视意识形态工作，这是党的一项极端重要的工作。

文化强国战略的提出，延续中国共产党长期对文化建设与文化工作的领导，凝聚革命、建设和改革的各个历史时期，中国共产党领导文化建设的成果与经验。社会主义文化强国建设，不仅是中国共产党的历史使命，也是党对意识形态全面领导的目标选择。

（一）文化强国战略的提出过程

2011年10月，在党的十七届六中全会通过的决议《中共中央关于推动文化大发展大繁荣若干重大问题的决定》中，提出了“坚持中国特色社会主义文化发展道路，努力建设社会主义文化强国”的目标。这一目标的内容是，要着力推动社会主义先进文化更加深入人心，推动社会主义精神文明和物质文明全面发展，不断开创全民族文化创造活力持续迸发、社会文化生活更加丰富多彩、人民基本文化权益得到更好保障、人民思想道德素质和科学文化素质全面提高的新局面，建设中华民族共有精神家园，为人类文明进步作出更大贡献。这在十八大报告中进一步明确为社会主义核心价值体系、公民道德素质、人民精神文化生活和文化整体实力和竞争力四个方面。

在2013年11月党的十八届三中全会上，社会主义文化强国建设成为文化体制改革的重要目标，基本确立社会主义文化强国建设的几个核心问题：坚持社会主义先进文化前进方向，坚持中国特色社会主义文化发展道路，培育和践行社会主义核心价值观，巩固马克思主义在意识形态领域的指导地位，巩固全党全国各族人民团结奋斗的共同思想基础。坚持以人民为中心的工作导向，坚持把社会效益放在首位，社会效益和经济效益相统一，以激发全民族文化创造活力为中心环节，进一步深化文化体制改革。

到2020年10月，党的十九届五中全会为社会主义文化强国建设制定了时间表，即到二〇三五年基本实现社会主义现代化远景目标。在全会公报中，对在2035年实现这一目标提出了具体要求，即繁荣发展文化事业和文化产业，提高国家文化软实力。坚持马克思主义在意识形态领域的指导地位，坚定文化自信，坚持以社会主义核心价值观引领文化建设，加强社会主义精神文明建设，围绕举旗帜、聚民心、育新人、兴文化、展形象的使命任务，促进满足人民文化需求和增强人民精神力量相统一，推进社会主义文化强国建设。要提高社会文明程度，提升公共文化服务水平，健全现代文化产业体系。

习近平总书记在不同的场合提到“文化强国”。这些重要讲话和文件，为推进社会主义文化强国建设提供了根本遵循，为文化体制改革、文化事业和文化产业全面推进指明了方向，鼓励文化工作者、文艺工作者和哲学社会科学工作者为这一目标做出自己的贡献。

（二）党领导文化建设的成就和经验

中国共产党历来高度重视文化建设，以文化助推我国革命、建设、改革的事业，促进经济社会全面发展。在思想道德、文艺创作、学术研究、文化事业、文化产业的发展方面，不管是从对内不断满足人民群众精神需求，还是对外传播中华文化，党领导文化建设都取得巨大成就，并不断在发展进步。

改革开放以后，社会主义文化建设在党的领导下取得巨大的成就，积累了珍贵的经验。特别是党的十八大以来，我国意识形态领域形势发生全局性、根本性转变，全党全国各族人民文化自信明显增强，全社会凝聚力和向心力极大提升，为新时代开创党和国家事业新局面提供了坚强思想保证和强大精神力量。

第一，加强党对意识形态工作的领导。改革开放以来，与经济发展同向同行的，是社会主义文化的繁荣发展。我们党准确把握世界范围内思想文化相互激荡、我国社会思想观念深刻变化的趋势，意识到出现的拜金主义、享乐主义、极端个人主义和历史虚无主义等错误思潮，并由此带来的少数党员干部的立场模糊、思想偏差等问题，强调“意识形态工作是为国家立心、为民族立魂的工作，文化自信是更基础、更广泛、更深厚的自信，是一个国家、一个民族发展中最基本、最深沉、最持久的力量，没有高度文化自信、没有文化繁荣兴盛就没有中华民族伟大复兴”。在建设社会主义文化强国的征途中，需要“激发全民族文化创新创造活力，更好构筑中国精神、中国价值、中国力量，巩固全党全国各族人民团结奋斗的共同思想基础”。

为了实现党对意识形态工作的领导，首先是“立破并举、激浊扬清”，把马克思主义作为意识形态领域指导地位确立为一项根本制度，以意识形态工作责任制的不断健全作为工作的推进手段。其次是抓好宣传思想工作。通过召开全国宣传思想工作会议，分别召开文艺工作、党的新闻舆论工作、网络安全和信息化工作、哲学社会科学工作座谈会和全国高校思想政治工作会议等，从文艺创作、舆论、网络、哲学社会科学、高校思想政治等方面入手，正本清源，用党的创新理论武装全党、教育人民、指导实践。尤其是与时俱进重视互联网管理，党中央旗帜鲜明地提出互联网是当下意识形态斗争的主阵地、主战场和最前沿，关乎长期执政的安危，因此特别要健全互联网的领导和管理体制，坚持依法管网治网，营造清朗的网络空间。

第二，坚持以社会主义核心价值观引领文化建设。首先是培根铸魂，推动学习大国建设。以社会主义先进文化、革命文化、中华优秀传统文化为根，广泛开展中国特色社会主义、中国梦和理想信念教育。其次是“四史”教育，推动学习党史、新中国史、改革开放史、社会主义发展史，旨在“彰显党心民心、国威军威”，在全社会唱响主旋律、弘扬正能量。最后是坚持把社会效益放在首位，社会效益和经济效益相统一，推进文化事业和文化产业全面发展，繁荣文艺创作，完善公共文化服务体系，为人民提供更多更好的精神食粮。

第三，推动中华优秀传统文化的传承发展。中华优秀传统文化是中华民族的突出优势，是我们在世界文化激荡中站稳脚跟的根基，必须结合新的时代条件传承和弘扬好。推动中华优秀传统文化的传承发展，通过保护、发展、传扬三个维度来建构和实现。通过文物和物质遗产、非物质遗产的保护，通过推动中华优秀传统文化创造性转化、创新性发展，通过加快国际传播能力建设，向世界讲好中国故事、中国共产党故事，传播好中国声音，促进人类文明交流互鉴等，来完成这项伟大的传承发展工程。

（三）坚持党对意识形态工作的领导权

意识形态工作的领导权是在当今激烈变动的世界格局和国内改革发展各种新情况下必须高度重视的工作，需要时刻牢牢把握，不能有任何松懈和轻视。坚持党对意识形态工作的领导权，必须坚持用习近平新时代中国特色社会主义思想武装全党、教育人民，在全社会深入培育和践行社会主义核心价值观，不断增强党领导下社会主义意识形态的凝聚力和吸引力。

坚持马克思主义在意识形态领域的指导地位。在党的百余年奋斗重大成就和历史经验中，回答了中国共产党为什么能、马克思主义为什么行、中国特色社会主义为什么好，其中马克思主义始终居于意识形态领域的指导地位，其立场、观点和方法贯穿百余年历史经验的始终。遵义会议确立以毛泽东同志为主要代表的马克思主义正确路线在党中央的领导地位，此后我们这个打不倒、压不垮的马克思主义政党不断从胜利走向胜利。如今，在习近平新时代中国特色社会主义思想的指导下建设社会主义文化强国，并继续根据发展的现实创新和发展21世纪的马克思主义，继续将马克思主义基本原理同中国具体实际相结合、同中华优秀传统文化相结合，与时俱进地发展马克思主义。

坚持以人民为中心做好党的意识形态工作。以人民为中心，是我们党在新时代对马克思主义坚守人民立场的丰富和发展。意识形态工作以人民为中心，既是将人民作为意识形态建设的价值主体，也是将人民作为意识形态工作依靠的对象和实践的主体。只有二者兼顾，举旗帜、聚民心、育新人、兴文化、展形象，人民群众才会更加自觉地将个人的命运与国家、民族的命运联系在一起，发挥积极性主动性和创造性，才能更好地强信心、聚民心、暖人心、筑同心。

坚定对社会主义和共产主义的信念。共产党人的政治灵魂，是对马克思主义的信仰和对社会主义和共产主义的信念。正是信仰和信念让一代代共产党人经受住各种考验，支撑当代中国共产党人对中国特色社会主义的道路自信、理论自信、制度自信和文化自信。在全面深化改革开放中，商品交换法则和复杂国际环境潜移默化影响我们的信仰和信心。在这种情形下，更需要我们高度重视意识形态工作，旗帜鲜明地坚定立场、坚持真理，理直气壮地坚持党对意识形态工作的绝对领导，坚持基于实事求是的精神，及时揭穿各种谎言和谬论，引导群众看清真相，批驳各种错误思潮，更有力地团结和引导广大人民群众坚定信心，紧密地团结在党中央的周围。

第二章 文/化/强/国

坚持中国特色社会主义文化发展道路

建设社会主义文化强国核心是发展中国特色社会主义文化，不断铸就中华文化新辉煌。中国特色社会主义文化源自于中华民族五千多年文明历史所孕育的中华优秀传统文化，熔铸于党领导人民在革命、建设、改革中创造的革命文化和社会主义先进文化，根植于中国特色社会主义伟大实践。我们必须坚持中国特色社会主义文化发展道路，增强文化自信，围绕举旗帜、聚民心、育新人、兴文化、展形象建设社会主义文化强国，发展面向现代化、面向世界、面向未来的，民族的科学的大众的社会主义文化，激发全民族文化创新创造活力，增强实现中华民族伟大复兴的精神力量。

第一节 新时代中国特色社会主义文化自信

“文化自信”第一次提出，是在2014年2月24日中央政治局第十三次集体学习时。习近平总书记在会议上强调，要讲清楚中华优秀传统文化的历史渊源、发展脉络、基本走向，讲清楚中华文化的独特创造、价值理念、鲜明特色，增强文化自信和价值观自信。2016年5月17日的哲学社会科学工作座谈会，文化自信与其他三个自信被同时提出：我们说要坚定中国特色社会主义道路自信、理论自信、制度自信，说到底是要坚定文化自信。文化自信是更基本、更深沉、更持久的力量。2016年6月28日，习近平总书记在中共中央政治局第三十三次集体学习的重要讲话中，第一次同时提出“四个自信”：坚定中国特色社会主义道路自信、理论自信、制度自信、文化自信，增强党的意识、党员意识、宗旨意识，坚守真理、坚守正道、坚守原则、坚守规矩，做到以信念、人格、实干立身。

在庆祝中国共产党成立95周年大会上，习近平总书记旗帜鲜明地提出“四个自信”：坚持不忘初心、继续前进，就要坚持中国特色社会主义道路自信、理论自信、制度自信、文化自信，坚持党的基本路线不动摇，不断把中国特色社会主义伟大事业推向前进。习近平总书记强调：全党要坚定道路自信、理论自信、制度自信、文化自信。党的二十大报告提出，全面建设社会主义现代化国家，必须坚持中国特色社会主义文化发展道路，增强文化自信。

从上述脉络的梳理，可以看出，新时代中国特色社会主义文化自信的内涵，能够体会坚定文化自信的重大意义。

（一）文化自信的时代内涵

文化自信在最初语境中是对中华优秀传统文化的强调，融入中国特色社会主义文化后，内涵已经更为丰富：中国特色社会主义文化，源自中华民族五千多年文明历史所孕育的中华优秀传统文化，熔铸于党领导人民在革命、建设、改革中创造的革命文化和社会主义先进文化，植根于中国特色社会主义伟大实践。也就是说，我们要对包括社会主义先进文化、革命文化和中华优秀传统文化的有机整体保持充分的自信。

中华优秀传统文化是我们最深厚的文化软实力和突出优势，可以为人们认识和改造世界提供有益启迪，可以为治国理政提供有益启示，也可以为道德建设提供有益启发。它是中华民族的精神命脉，是涵养社会主义核心价值观的重要源泉，也是我们在世界文化激荡中站稳脚跟的坚实根基。中华优秀传统文化以农耕文明为根，以经典典籍、文化遗产、文物和古文字、传统医药、文学艺术、城市古街区和历史文脉等为载体，指的是中华民族最基本的文化基因，是哲学思想、人文精神、教化思想、道德理念；是自强不息、敬业乐群、扶正扬善、扶危济困、见义勇为、孝老爱亲等传统美德；是讲仁爱、重民本、守诚信、崇正义、尚和合、求大同的时代价值；是中国在国际上积极倡导并身体力行的正确义利观，等等。

党领导人民创造的革命文化，是在马克思主义指导下，是五四以来党和人民伟大斗争中孕育的文化，是爱国主义精神，有着集体主义的价值观，以实现共产主义为崇高理想。革命文化是革命加拼命的精神，是谦虚谨慎、戒骄戒躁、艰苦奋斗、勤俭节约的传统，是不畏强敌、不惧风险、敢于斗争、敢于胜利的勇气。革命文化在民族独立和人民解放的战争年代鼓舞着革命先烈为着理想信念牺牲小我，鼓励着和平年代的社会主义建设者们继续坚定信念，尽己所能报效祖国。与之相近的概念，是“红色文化”。红色是中国共产党、中华人民共和国最鲜亮的底色，每一个历史事件、每一位革命英雄、每一种革命精神、每一件革命文物，都代表着我们党走过的光辉历程、取得的重大成就，展现了我们党的梦想和追求、情怀和担当、牺牲和奉献，汇聚成我们党的红色血脉。

党领导人民创造的社会主义先进文化，代表了中国精神、中国价值和中国力量，是马克思主义文化理论中国化时代化的创新性成果，是改革开放以来社会主义现代化建设中逐渐形成的文化类型。社会主义先进文化本质上是社会主义精神文明，也就是中国特色社会主义文化。它坚持马克思主义在意识形态领域的指导地位，坚持社会主义核心价值观的引领，健全人民文化权益保障，完善坚持正确导向的舆论引导，建立健全把社会效益放在首位、社会效益和经济效益相统一的文化创作生产。

社会主义先进文化、革命文化和中华优秀传统文化立体地建构新时代中国特色社会主义文化的三大支柱，成为文化自信的三个重要资源和主要表现领域，成为我们提出文化自信的主要理由。

（二）坚定文化自信的重大意义

坚定文化自信，具有重要的现实主义和深远的历史意义。

第一，在中华民族伟大复兴的重要时刻，需要坚定文化自信。没有文化自信，会丢掉“中国五千年没有断流的文化”，会失去自主的判断力，“以洋为尊”“以洋为美”“唯洋是从”，跟在别人后面亦步亦趋、东施效颦，甚至“去思想化”“去价值化”“去历史化”“去中国化”“去主流化”等。习近平总书记指出，站立在960万平方公里的广袤土地上，吸吮着中华民族漫长奋斗积累的文化养分，拥有14亿中国人民聚合的磅礴之力，我们走自己的路，具有无比广阔的舞台，具有无比深厚的历史底蕴，具有无比强大的前进定力，中国人民应该有这个信心，每一个中国人都应该有这个信心。

在“四个自信”中，文化自信的坚定，有利于坚定其他三个自信，因为文化自信，是更基础、更广泛、更深厚的自信，是更基本、更深沉、更持久的力量。文化自信尽管是对5000多年文明发展中孕育的中华优秀传统文化、在党和人民伟大斗争中孕育的革命文化和社会主义先进文化有机统一的自信，但说到底是对中国特色社会主义的自信，是对社会主义核心价值观的自信。

第二，坚定文化自信，有助于塑造当代中国人的国民性格，铸牢中华民族共同体意识。先进的文化有化人育人的功能，能够塑造中国人中华文明的特性。文化强国的建设，中华民族的伟大复兴，社会主义先进文化、革命文化和中华优秀传统文化的代代传承，都需要人才能完成。只有坚定文化自信，才能让中国人增强民族自尊心、自信心与自豪感，增强对国家和中华民族的认同感，有利于铸牢中华民族共同体意识，自觉自愿地投身于中国特色社会主义文化的传承、传扬，创造性转化与创新性发展。

第三，坚定文化自信，有助于尊重文明多样性，促进不同文明之间的交流互鉴，有利于人类命运共同体的建设。文化自信，需要有海纳百川的胸怀、不卑不亢的态度，要尊重文明多样性，推动不同文明交流对话、和平共处、和谐共生，不能唯我独尊、贬低其他文明和民族。交流互鉴是文明发展的本质要求，这种交流互鉴应该是对等的、平等的，应该是多元的、多向的，而这一切只能在坚定文化自信的基础上才有可能实现。这样的国际文化关系，才能有效维护世界和平，推动建构人类命运共同体。

第二节 以人民为中心的文化发展导向

全心全意为人民服务是中国共产党的根本宗旨。党的十八大以来，以人民为中心是党治国理政新理念新思想新战略的标识性概念，也是新时代最为鲜明的特点之一。在我们的文化工作中，党性和人民性始终是相统一的。文化部门和文化工作者必须旗帜鲜明地坚持党性原则，核心是坚持正确的政治方向，站稳政治立场，坚决同党中央保持高度一致，坚决维护中央权威。坚持人民性，必须把实现好、维护好、发展好最广大人民根本利益作为出发点和落脚点，坚持以民为本、以人为本。要树立以人民为中心的工作导向，把服务群众同教育引导群众结合起来，把满足需求同提高素养结合起来，丰富人民精神世界，增强人民精神力量，满足人民精神需求。

（一）把以人民为中心作为价值取向

人民是历史的创造者和见证者，当之无愧成为历史的书写者和主角，也是文化强国建设的主要力量。中国特色社会主义文化由人民创造并服务于人民，在价值导向上坚定地以人民为中心。以人民为中心的文艺活动，就是“从热爱人民、表现人民、服务人民到反映时代、歌唱祖国、礼赞英雄、写出时代新史诗，再到以人民作为文艺工作的评判者、鉴赏家等”[①]。以人民为中心的文化建设，就是要不断满足人民精神文化需求，以人民为创作主体和服务主体，依靠人民来发展文化，创造的文化成果由人民来共享，由人民来做“评判者”和“鉴赏家”。

不断满足人民精神文化需求，表现在内外两个场域。既包括向内的，人民对精神文化的需求时时刻刻都存在，需要优秀作品来让人民的精神文化生活上新台阶；又包括以优秀文化产品为媒介，向外国民众介绍中国、中国文化和中国人。不断满足人民精神文化需求，既是发展文化事业与文化产业的基本目标，也为文化产品和服务的发展指明了方向。以人民为创作和服务主体，指的是人民直接创造了丰富多样的精神文化成果，人民的生产生活也是文化创作取之不竭的灵感和素材来源。依靠人民来发展文化，肯定了人民群众在文化建设中的独特作用，既是文化发展的推动者，也是文化发展动力的来源。创造的文化成果由人民来共享，是社会主义文化建设的应有之义，将有

① 丁国旗，《如何实现“以人民为中心”的创作导向》，《人民日报》2018年2月2日。

效激发人民群众进一步参与文化建设事业的热情。而由人民来做“评判者”和“鉴赏者”不是我们的新创见，马克思早就提出“人民历来就是作家‘够资格’和‘不够资格’的唯一判断者”，人民也是文化建设成效的尺度。

以人民为中心作为价值取向，说明了中国特色社会主义文化发展道路是一条正确的道路，符合文化自身的规律，继承了中华文化的发展经验，也是新时代社会主要矛盾转化后文化发展的现实需要。随着人民群众对精神文化要求的提高，文化建设需要始终牢牢坚持以人民为中心，坚持中国特色社会主义文化发展道路不动摇。

（二）文化发展服务于增强人民精神力量

增强人民精神力量在文化强国建设中，与不断满足人民文化需求相统一。人民精神力量，指的是人民群众在精神文化方面的“主体性、能动性、创造性、开放性、凝聚性、抗压性、包容性”[①]等。具体到表现形式中，有对科学的形而上“三观”的把握程度，即人生观、世界观、价值观，有对自然科学与哲学社会科学的把握程度，还有社会层面个人与社会关系的把握

① 孙要良，《增强人民精神力量的内涵、意义与实现路径》，《实践（思想理论版）》2021年第3期。

程度等。所谓增强人民精神力量，就是要使人民掌握先进的“三观”与方法论；尊重知识与中华优秀传统文化，有独立的文化观，既不崇洋媚外也不妄自菲薄；建立正确的社会价值观，正确处理个人与社会的关系等。

为实现这一目标，文化的发展需要着力于两方面的重要工作。

不断从供给侧发力，不断提升文化产品的数量与质量，满足人民不断增长的精神文化需求。需要按照党中央的统一部署，持续大力推进文化体制改革，优化文化管理体制，提高文化生产和服务效率，发展以公有制为主体、多种所有制共同发展的文化产业格局，建立统一、开放、竞争、有序的现代文化产业体系。

在精神文化领域，提升塑造力、凝聚力和引领力。坚持马克思主义和马克思主义中国化时代化的最新成果在意识形态领域的领导地位，以科学的理论武装人，以正确的舆论引导人，以高尚的精神塑造人，以优秀的作品鼓舞人。润物细无声地加强“四史”教育，加强爱国主义、集体主义、社会主义教育，反对新自由主义、民主社会主义、文化保守主义、历史虚无主义等错误社会思潮，以社会主义核心价值观来弘扬引导人民群众，防止各种瓦解斗志、涣散人心、破坏团结并违背历史发展趋势的思潮，污染人民的精神文化领域。

（三）以文化惠民推动文化事业发展

文化惠民是一项国家工程的名称，是国家自20世纪末以来针对我国农村公共文化资源不足，提供公共文化服务的能力不足，农村基层居民接触文化产品渠道少、内容少等问题，旨在保障城乡居民能够就近获取公共文化服务基本权益，加快我国现代公共文化服务体系的建设。文化惠民也是国家文化事业发展的一项基本宗旨，文化发展尤其是公共文化服务事业的发展，就是要让人民从中获得实实在在的好处。

党的十八大报告在推进社会主义文化强国建设的工作要求中列入了加快推进重点文化惠民工程。十九大报告指出，深入实施文化惠民工程是为“满足人民过上美好生活的新期待”提供丰富的精神食粮。二十大报告中明确提出要健全现代公共文化服务体系，创新实施文化惠民工程。文化惠民工程主要是针对农村基层居民，尤其是中西部农村，包括并不限于广播电视村村通工程、全国文化信息资源共享工程、农村电影放映工程、农家书屋建设工程、送戏下乡工程和体育健身工程。

文化惠民的推进，形成丰富的创新经验。在有限的财政能力基础上，集中力量办大事，充分利用制度优势自上而下推进基层公共文化事业发展；中央政府主导文化惠民的政策目标、总体规划、资金分配和督导检查，由地方政府在中央指导下制订本地化的规划和方案，并具体执行；中央财政预算内投入资金，地方财政配套资金，以定向投入的专项资金和重点地区等保证财政资金的使用效率。同时，各项工程的建设需要随时根据结果调整和优化。在强调结果均等基础上，逐渐重视机会均等和东中西部地区的供给能力均衡，从数量保证转向质量保证，通过中央财政的调节功能，实现地区间的服务均衡、政府财政保障与社会力量作用的均衡，实现全体居民在文化事业方面的机会均等。

第三节 社会主义核心价值观的文化引领

社会主义核心价值体系建设的重要内核，就是社会主义核心价值观。社会主义核心价值体系建设是深入开展社会主义宣传教育，把全国各族人民团结和凝聚在中国特色社会主义伟大旗帜之下的重要举措。党的十八大以来，培育和践行社会主义核心价值观是中央高度重视的工作。十九大报告中专门指出社会主义核心价值观，是当代中国精神的集中体现，凝结着全体人民共同的价值追求，也是中华优秀传统文化中所蕴含的思想观念、人文精神、道德规范在新时代的继承和创新。2018年3月11日，社会主义核心价值观被第十三届全国人民代表大会第一次会议通过，并写入宪法修正案，即国家倡导社会主义核心价值观，提倡爱祖国、爱人民、爱劳动、爱科学、爱社会主义的公德。二十大报告明确指出，社会主义核心价值观是凝聚人心、汇聚民力的强大力量。

社会主义核心价值观以24个字为基本内容，即：富强、民主、文明、和谐，自由、平等、公正、法治，爱国、敬业、诚信、友善。社会主义核心价值观的着眼点在培养担当民族复兴大任的时代新人，要融入社会发展的各个方面，需要全民行动起来。

（一）社会主义核心价值观的文化来源

社会主义核心价值观的文化来源，最主要的是中华优秀传统文化和中国精神。中华优秀传统文化是中华民族的精神命脉，是我们在世界文化激荡中站稳脚跟的坚实根基，更是涵养社会主义核心价值观的重要源泉。党的十九大报告在提到培育和践行社会主义核心价值观时专门指出，要深入挖掘中华优秀传统文化中所蕴含的思想观念、人文精神和道德规范，要结合时代要求来继承创新，让中华文化展现出永久魅力和时代风采。

在中华优秀传统文化中，思想理念和道德规范中的经典，如崇仁爱、重民本、守诚信、讲辩证、尚和合、求大同等思想，有自强不息、敬业乐群、扶正扬善、扶危济困、见义勇为、孝老爱亲等传统美德，都是社会主义核心价值观的重要来源。不过，对于传统文化，绝不是盲从和复古，而是在文化自觉和文化自信基础上，古为今用、辩证取舍、推陈出新，将不适宜当代社会发展的消极因素剔除，继承和弘扬积极思想，“以古人之规矩，开自己之生面”，实现中华优秀传统文化的创造性转化与创新性发展，中国特色社会主义的伟大实践也是社会主义核心价值观的重要来源。党在革命、建设和改革不同历史时期的实践中，都提出一系列价值理念。这些理念在逐渐发展的过程中，提炼整合，逐步形成如今写入宪法的社会主义核心价值观。在这一过程中，充分借鉴了世界各国人民生发出的有益思想资源，是全人类共创共享的文明成果的结晶。

（二）社会主义核心价值观引领文化建设的基本内涵

社会主义核心价值观中，最深层、最根本、最永恒的是爱国主义，坚持社会主义核心价值观的文化创造一定是追求真、追求善和追求美的。坚持用社会主义核心价值观来引领文化建设，就要在多种思想和观点中，坚定坚持共同的理想信念、价值理念、道德观念，弘扬中华优秀传统文化、革命文化、社会主义先进文化，用社会主义核心价值观寻求最大共识，促进全体人民在思想上和精神上紧密团结。也就是，要用社会主义核心价值观，来为文化建设提供前进的方向，包括意识形态的方向、建设目标的方向和建设品质提升的方向。

社会主义核心价值观引领文化建设意识形态的方向，必须牢牢把握意识形态工作的主动权和领导权，坚持马克思主义中国化时代化并在我国意识形态领域始终处于指导地位，准确把握新时代文化建设的意识形态方向。在文化建设上，意识形态工作具有导向、凝聚、动员的功能。具体而言，就是要深化习近平新时代中国特色社会主义思想学习教育，深入实施马克思主义理论研究和建设，加快构建中国特色哲学社会科学，推进马克思主义中国化时代化，建设具有强大凝聚力和引领力的社会主义意识形态。意识形态方向包括正确的舆论导向，新闻舆论的传播力、引导力、影响力和公信力，互联网综合治理体系和意识形态阵地建设、阵地管理。

社会主义核心价值观引领文化建设目标的方向，是繁荣社会主义文艺，提升文化事业的服务水平。具体而言，就是要坚持以人民为中心的创作导向，创作思想精深、艺术精湛、制作精良统一的文艺精品，提升文艺创作的原创力和创新力，培养造就德艺双馨、高水平的文艺人才。在文化事业方面，坚持政府主导、社会参与、重心下移、共建共享，构建普惠性、保基本、均等化、可持续的现代公共文化服务体系。

社会主义核心价值观引领文化建设品质提升的方向，是完善现代文化市场体系和文化产业体系，扩大和引导文化消费，提高文化产业的发展质量和发展效益。具体而言，就是要坚持把社会效益放在首位，社会效益和经济效益相统一，深化文化体制改革，完善文化产业规划和政策，加快文化市场体系建设，扩大优质文化产品供给。推动文旅融合发展，实施文化产业数字化战略，创新推进国际传播能力建设。

（三）社会主义核心价值观引领文化建设的基本路径

基于强化教育引导、实践养成、制度保障的培育和践行社会主义核心价值观的基本思路，其引领文化建设的基本路径可从以下几方面展开。

传媒的价值引领。在新的时代条件下，党的新闻舆论工作的职责和使命是：高举旗帜、引领导向，围绕中心、服务大局，团结人民、鼓舞士气，成风化人、凝心聚力，澄清谬误、明辨是非，联接中外、沟通世界。新媒体发展已呈现出传播的新特征，渗透力更强，以观点自由表达和思想共享为口号，改变了过去的传媒工作模式。要实现新媒体的价值引领，一是需要媒体工作者加强学习，增强政治意识，坚持用马克思主义的立场、观点和方法开展新闻舆论宣传。二是需要主流媒体提高传播能力。在自媒体快速发展的时代，主流媒体提供事实和立场正确的信息显得更为重要。三是需要加强舆论阵地建设，加快主流媒体在传统渠道和新兴渠道的融合发展。多方主体共同构建和发展现代传媒体系，提高传播能力，实现价值引领。

发挥教育引导作用。一是重视社会主义核心价值观的内化于心和转化为受众理念的过程。将抽象概念有针对性地融入对不同教育对象的设计和实施中，与教育对象的思维同频，实现内化与转化。二是培养正确的是非观。教育不仅是用正确的价值观内化给对象，而且要“授人以渔”，教育引导对象增强辨别是非的能力，社会主义核心价值观就是一种是非判断标准。

发挥文化建设阵地作用。一是发挥精神文明创建活动的推动作用，把社会主义核心价值观贯穿到日常宣传、典型树立、热点引导和舆论监督中。二是发挥网络文化的积极作用，打破部分数据库的狭隘边界意识，让体现社会主义核心价值观的内容在网络平台搜得到、刷得到、看得到；加强对网络空间的法治化管理，规范网络信息传播秩序，在尊重网民表达自我权利的同时，及时制止违法内容，营造风清气正又活泼多样的网络空间。

展现文化产品的思想内涵。一是重视文化产品的意识形态属性，注重文化产品思想性、艺术性和实用性的统一，将社会主义核心价值观贯穿始终。二是引领群众文化消费的能力，用体现社会主义核心价值观的文化产品，不断满足群众的精神文化需求，用优秀的文化产品让群众乐于消费。

第三章 文 / 化 / 强 / 国

社会主义文化强国评价标准

以人民为中心，是中国共产党领导中国文化建设的鲜明特征。推动文化发展、建设文化强国，从根本上说是为了更好满足人民日益增长的精神文化生活需要，不断丰富人民的精神世界、增强人民精神力量。为实现到二〇三五年建成文化强国的远景目标，建设文化强国过程的着力点和实施程度都需要有相应的评价标准。这种评价标准需要以一定程度的定量指标呈现，既参照一般意义上的文化评价指标，又根据社会主义文化强国的独特性进行裁量。

第一节 | 中国特色社会主义文化建设新发展阶段

中国特色社会主义进入新时代，内在要求文化发展立足新发展阶段、贯彻新发展理念、构建新发展格局。在新发展阶段，文化建设以新时代的文化自觉为总背景，以实现文化强国为目标指向，针对文化发展领域存在的突出问题和实现文化高质量发展方向，实施一系列具有高度原创性或首创性的实践与探索。这些创新性实践不仅促进了文化建设相关领域的高质量发展，而且已转化为推动文化发展的长效机制，成为国家制度的重要内容与有机组成部分。党的十九届三中全会指出，我们党要更好领导人民进行伟大斗争、建设伟大工程、推进伟大事业、实现伟大梦想，必须加快推进国家治理体系和治理能力现代化，努力形成更加成熟更加定型的中国特色社会主义制度。这是摆在我们党面前的一项重大任务。十八大以来文化建设的创新实践把不断完善和发展中国特色社会主义文化制度作为重要的出发点和落脚点。这些创新性实践在构建价值观、传承中华优秀传统文化、推进文化生产、加强文化治理、提升国家整体文化空间战略布局，以及维护国家整体文化安全和网络与信息安全等领域，发挥了重要作用；并形成了行之有效的创新经验，丰富和完善了社会主义文化制度。

（一）新发展阶段的“三种变化”

总体来看，中国特色社会主义文化新发展阶段呈现出“三种变化”。

新发展阶段文化发展理念的新变化。中国特色社会主义新时代是我国发展新的历史方位，在新的历史方位中，习近平新时代中国特色社会主义思想实现了马克思主义中国化时代化新的飞跃，这一飞跃的基础是“把马克思主义的基本原理同中国具体实际相结合、同中华优秀传统文化相结合”。“两个结合”奠定了新时代文化发展的总体逻辑，在这一整体逻辑的指引下，文化传承、公共文化服务、文化产业、娱乐传播、法治建构、文化新业态治理、数字创意产业贸易（数据安全）监管，以及对外开放等层面的理念，均呈现不同程度的变化，或对既有的理念赋予新的内涵。中国共产党领导文化建设过程中，“两个结合”及其相关新理念充分彰显由近代以后的文化自卑向文化自觉、文化自信的转变，这种转变对坚持和发展中国特色社会主义文化制度具有重大意义。

新发展阶段文化发展形势的新变化。从新时代国内外历史性变革的实践维度提炼文化新变化，国内外形势变化和我国各项事业发展都给我们提出了新的重大时代课题，逆全球化的趋势抬头、数字霸权和网络霸权的风头不减，这对“一带一路”视野下的文化开放、维护国家文化安全、数据安全等提出了重大挑战。在国内推进“双循环”“供给侧结构性改革”以及文化与科技深入融合的大背景下，对公共文化服务、文化遗产“活起来”、文化产业、文化治理、区域文化空间构建等问题和文化高质量发展，提出了新的时代要求。创新实践的维度均出现了新的变化，成为文化发展新格局的重要支撑。

新发展阶段文化发展制度的新变化。文化发展新实践要求在文化发展制度层面进行优化、调整和创新。从根本上来说，文化是制度选择和制度变迁的重要原因，文化自信是最深层的自信，这对逆全球化背景下实现文明中国的“对称崛起”和坚持中国特色社会主义文化制度具有重大意义。从宏观层面来说，对外涉及国际文化尤其是网络文化多元多边协同治理、推动中华文化“走出去”的体制机制；对内涉及价值观培育、文化遗产保护、文化供给、文化传播、文化消费、文化贸易等领域的体制机制。从类别来说，文化制度的变化不仅体现在文化治理的体制机制领域，而且体现在文化法治化层面。关注和提炼党的十八大以来文化制度领域的变化，从根本上服务于坚持中国道路、完善“中国之治”的文化构成。

（二）新发展阶段文化建设“五个机制”

党的十八大以来党领导文化建设的实践与经验，是由时空交织的多层次、多维度文化体系所构成的具有高度文化延续性和拓展性的复杂系统，体现了历史、现实与未来的高度统一，其显著特点为：文化发展与其他要素相统一，历史纵深与当前发展相统一，顶层设计与实践操作相统一，理论阐释与前沿案例相统一等。

基于以上特征，新发展阶段文化建设的五个机制可以概括为以下方面。

文化精神建构机制。习近平总书记指出，中华优秀传统文化已经成为中华民族的基因。传承优秀传统文化是推动文化创新发展的基石，也是中国贡献人类文明的时代价值必然。新时代的文化发展鲜明呈现出中华优秀传统作为文化主体价值的历史性回归，在这一机制框架内剖析提出以价值观为核心的文化自觉在新时代文明复兴中的历史语境，阐释围绕文化自觉而构建起的文化传承和传播机制，以及对新传统的再创造，整体推动文明中国“选择性变迁”的历史面向，也为世界贡献“东方文明大国”的世界发展难题的“中国方案”，贯通内外发展，以中国立场展现全人类的价值关怀。

文化生产引导机制。习近平总书记指出，坚持与时代同步伐、以人民为中心、以精品奉献人民、用明德引领风尚。新时代的文化生产在全面建成小康社会进而全面建设社会主义现代化国家的历史进程中，肩负起全面实现人民的文化权益、丰富人们的精神世界、促进人的全面发展和社会全面进步的崇高使命。新时代的文化生产坚持以人民为中心的根本价值导向，主动适应社会经济发展，深化文化领域供给侧结构性改革，在文艺创作、媒体融合、文旅融合、社会合作、市场作用等领域实现新突破。

文化区域协同机制。习近平总书记指出，要着力增强发展的整体性协调性。下好全国一盘棋，协调发展是制胜要诀。加强区域协同治理，是十八大以来文化建设的重要内容。由于区域文化差异的存在，形成区域文化发展的比较优势，资源的合理配置与优选利用是经济学的基本原则和要求，一定的文化资源底蕴会产生相应的文化发展模式和文化形态。在推进区域文化发展过程中，以文化构筑“共同富裕”精神家园，推动线性文化、城市群、“一带一路”等领域的区域文化协同发展机制。

文化法治治理机制。习近平总书记指出，党的十八大以来，党中央明确提出全面依法治国，并将其纳入“四个全面”战略布局予以有力推进。在全面依法治国的宏观语境下，构建文化法治治理机制，需要处理好三对基本关系，即文化与国家的关系、文化与法治的关系，以及文化基本权利与政府责任的关系。

推动文化管理向制度型治理转型过程中发展和形成的新机制、新制度、新特征，针对高水平文化开放、数字文化产业快速发展以及平台垄断等新问题、新现象而不断推出新的治理机制，实现文化治理程序化、规范化、法治化。

文化安全保障机制。习近平总书记指出“当前我国国家安全内涵和外延比历史上任何时候都要丰富，时空领域比历史上任何时候都要宽广，内外因素比历史上任何时候都要复杂，坚持总体国家安全观，以人民安全为宗旨，以政治安全为根本，以经济安全为基础，以军事、文化、社会安全为保障”，强调“我们必须既积极主动阐释好中国道路、中国特色，又有效维护我国政治安全和文化安全”。文化安全作为国家安全的灵魂，与一个国家的政治安全、社会安全、网络与信息安全紧密相连。文化安全主要包括一个国家的文化主权和文化尊严不受侵犯，文化传统和文化选择得到尊重，与经济基础和社会政治制度相适应的（网络）意识形态占据主导地位。

（三）新时代文化发展的实践与经验

1.新时代传承发展中华优秀传统文化主体价值的实践与经验

基于更好地传承发展中华优秀传统文化、坚定文化自信和历史自信，在文化传统传承机制方面，党领导文化建设对中华优秀传统文化的继承和弘扬经历了一个冲突、调试与重张的过程，呈现出中华优秀传统文化主体性价值占据主导、融入生活日趋增强的总体特征。党的十八大以来，中华优秀传统文化在构建和传达中国精神、中国价值、中国力量和支撑中国特色社会主义文化制度不断完善方面发挥了基础性作用。在顶层设计层面，《关于实施中华优秀传统文化传承发展工程的意见》等文件，把实施中华优秀传统文化传承发展工程上升为建设社会主义文化强国的重大战略任务；在内容产品层面，推动文化遗产的“活化利用”；在仪式化层面，推动对传统文化的弘扬；在精神彰显层面，推出富含东方美学精神的文化“新传统”，全方位多维度推进中华优秀传统文化主体价值的传承与实践。这体现了自改革开放以来中国式现代化实践持续推进，中国特色社会主义制度逐步塑形，为人类文明新形态探索一个文明国家振兴的崭新路径，为解决资本主义工业化以来后发展国家实现工业化道路做出“中国贡献”。

2. 新时代强化以人民为中心的文化生产导向的实践与经验

基于更好地实现对文化产品生产及传播消费市场的引导，在文化生产引导机制方面，十八大以来党领导文化建设始终坚持以人民为中心的文化生产导向，呈现出规范性日益增强、新供给不断涌现的基本特征。在文艺创作层面，针对演艺领域出现的多种乱象，从行业协会、演艺人员、经纪人、娱乐场所、票务市场等层面强化“双效统一”的创作导向；在文化传播层面，推动媒体融合，借助“融媒智媒”构建正向舆论场域；在文化市场层面，强化制度对市场配置文化资源的规范，构建体系完备的“制内市场”体系；在文旅融合层面，推动文化、科技等要素与旅游的融合，创造出“沉浸式”等新体验、“剧本杀+旅游”等新产品、云演艺等新场景；在文化服务领域，突出政社合作、社会合作在文化供给和文化消费领域的作用。

3. 新时代推动文化跨区域治理的实践与经验

基于实现区域协同发展，打破区域壁垒实现资源流动，在文化跨区域治理机制方面，党的十八大以来围绕区域文化协调发展的重大布局，呈现出文化发展区域突围、版图重构的总体特征，形成全方位、多层次、多元化、特色化的协同发展机制。在推动跨区域治理层面，《关于建立更加有效的区域协调发展新机制的意见》的实施，为新时代促进区域协调发展向更高水平和更高质量迈进奠定了路径方向；在国家整体文化空间布局层面，为实现区域的特色化和协调化发展，凸显大运河文化带、长城文化带、黄河文化带等线性/流域文化在区域文化协调发展中的带动作用；在区域文化竞争力层面，凸显长三角、大湾区、京津冀和成渝地区双城经济圈等城市群的辐射带动；在文化精神展现层面，以国家文化公园的新机制，凸显长城国家文化公园、大运河国家文化公园、长征国家文化公园、黄河国家文化公园、长江国家文化公园等塑造国家形象和国家历史认知，凸显了历史自信、民族认同、国家价值诉求；在促进国际文化交往层面，凸显出“一带一路”在文化交流、文化贸易、文化投资等层面形成的“三位一体”发展格局。

4.新时代以文化法治为核心的制度型治理的实践与经验

基于以法治提升文化治理能力和治理体系，在文化法治治理机制方面，十八大以来党在领导文化建设中不断注重文化基本权利体系的建构，呈现出总体完善、重点突破的总体特征。党的十八大以来，文化法治领域实现重大突破与进展，以及在执行操作层面为适应新时代的整体要求而对机构职能进行了整合优化。在文化法治的整体顶层设计层面，相继出台《公共文化服务保障法》《文化产业促进法》《电影产业促进法》等法律法规，完善了文化基本法制度体系；在推动对外开放层面，针对（北京、湖南、安徽等）自贸区、海南国际旅游岛、大数据贸易等，以“制度型开放”的形式推动国际文化交流；在数字经济治理层面，针对数字文化“信息过度索取”“算法推荐”等行为强化行业监管；在治理平台垄断层面，落实平台主体责任，建构包容审慎和有序合理的网络文化生态。

5.新时代实现文化安全和网络与信息安全的实践与经验

基于总体国家安全观建构的角度，在文化安全保障机制方面，文化安全和网络与信息安全已经上升为国家战略，成为总体国家安全观的组成部分，呈现出整体跃升、网络为主的总体特征。在参与国际网络空间秩序层面，致力于以建构多边多元主体的治理机制，构建“网络空间命运共同体”；在网络内容监管治理层面，针对网络文化内容生产主体的变化和网络多元文化价值的冲突，构建多中心治理模式；在维护大数据安全层面，从平衡产业发展和隐私保护、国家安全之间的关系，逐步做好数据安全监管审查，协同促进大数据安全与发展，促进数据资产有序交易流动；在强化网络社群治理层面，应依法实施网络社群风险的多元协同治理，完善多层次的网络社群自律机制。

第二节　社会主义文化强国评价标准的国内讨论

自党的十七届六中全会首次提出建设社会主义文化强国以来，学术界围绕社会主义文化强国的时代背景、重大意义、内涵与特征、标准与评价、战略路径等问题进行了广泛研究，为探索中国特色社会主义文化建设规律做出了积极的贡献。其中，关于标准与评价以及战略路径问题数量不少。据不完全统计，自1997年至2021年12月，全国核心期刊和CSSCI来源期刊共发表328篇“文化发展评价体系”专题研究论文。从中看出，近年发表“社会主义文化强国”评价标准的主题论文主要集中在以下几个领域进行研究：1.基于马克思主义理论视角展开研究；2.基于文化经济学视角，对文化产业竞争力和中国文化国际影响力的整体评估；3.基于约瑟夫·奈的理论，从国家文化软实力的角度进行整体评估。

（一）基于马克思主义视角的研究和讨论

社会主义文化强国的原则研究。确定科学的基本原则是指标选择和体系构建的基本前提。习近平总书记关于社会主义文化强国建设的重要论述，科学阐明了新时代我国文化强国建设的原则立场。国内学者提出过“三原则”，即坚持整体性与发展性的统一、坚持民族性与全球性的统一、坚持人民性与先进性的统一；“四原则”，即突出“中国特色”、坚持以人民为中心的价值旨归、维护意识形态安全、坚持世界文化的多样性发展；“五原则”，即导向原则、包容原则、底线原则、通用原则、定性与定量相结合原则。

社会主义文化强国的标准研究。建成社会主义文化强国的构成要素是建成社会主义文化强国判断标准的具体化，是构建指标体系的直接依据。国内学者提出过“三标准说”，即国家的文化魅力相对强大，文化创造、生产和传播能力相对强大，以及国民素质相对比较高；“四标准说”，即社会的文化创新潜力充分激活、文化产业的规模大幅扩大、拥有宏大的文化人才队伍和国家文化软实力大幅提高；“五标准说”，即“四标准”加上在世界文化贸易中发挥重要作用；“六标准说”，即价值、结构、活力、共享、治理、势能，具体构成要素包括意识形态领导力、文化资源整合力、文化创新创造力、文化民生保障力、社会文明约束力、国家文化软实力；也有将六种力量总结为具备核心价值引领、道德文明素质保障、文化生活保障、文化创造提升、文化产业驱动和文化出口带动等。

社会主义文化强国的实现路径研究。“三大路径说”，即形成与我国国际地位相对称的文化软实力；坚持文化传承创新，创造出中华文化新的辉煌；建设社会主义主流价值文化。“四大路径说”，即思想路线统一、制度建设为保障、提升软实力为目标、加强文化服务能力和人才队伍竞争力；也有坚持马克思主义在意识形态领域指导地位、增强文化自信，构筑中华民族共同的精神家园、提供高质量文化产品满足人们美好生活需要、实现中国文化与世界文化的融通互动；还有总结为强化组织保障、强化舆论引导、强化为民导向、强化市场作用。“五大路径说”，即坚持党的全面领导，以马克思主义为根本指导思想，牢牢掌握文化领导权；建构中国特色社会主义文化话语体系，创新文化模式，不断提升文化软实力；完善顶层设计，推进“文化中国”建设，增强社会主义文化吸引力和影响力；提高人民思想道德素质和科学文化素质，提升全社会文明程度，形塑良好的国家形象；加强文化治理，深化文化体制改革，大力发展文化事业和文化产业。“八大路径说”，即更大程度地发挥全社会的文化传承、发展和创新活力；通过深化文化体制改革，逐步改变条块分割和管办不分的体制弊端；构造文化产业发展的金融和资本市场服务平台；探索具有中国特色、区域特点的文化发展道路和发展模式；推动文化与高新技术融合发展；加快文化立法；探索更大范围、更大规模地利用国际国内两种资源加快我国文化建设的制度安排；按照文化科学化发展的要求进行文化建设。

（二）基于文化经济学的研究和讨论

对文化产业竞争力的测度，至今没有形成统一的评价模型和指标体系，其中主要有六类比较具有代表意义，如下表：

评价模型	指标体系构成要素
钻石模型	三大模块（核心竞争力、基础竞争力以及环境竞争力）、五大要素（生产要素、需求状况、相关产业集群、文化企业战略、政府行为）、17个竞争面、67个竞争力评价指标
层次模型	四大核心能力（整体创新能力、市场拓展能力、成本控制能力、可持续发展能力）、七个竞争力指标板块（产业实力、产业效益、产业关联、产业资源、产业能力、产业结构、产业环境），30个具体指标
VRIO模型	4个一级指标（价值要素、稀缺性要素、不可模仿要素、组织要素）、8个二级指标（产业现有实力、社会影响力、需求能力、可持续发展能力、文化传播与渗透能力、创新能力、相关产业要素、政府要素）和46个三级细分指标
过程模型	由竞争力层面维度［微观—企业层面、中观—产业层面、宏观—国家（地区）层面］、发展形态维度（粗放型、集约型、创造型）构成“3×3”二维结构模型，没有提出具体的评价指标体系
	7个要素（文化实力竞争力、市场收益竞争力、文化产出竞争力、公共文化消费竞争力、人才和研创竞争力、政府文化竞争力、文化资源和基础设施竞争力），27个子要素，共106个指标

续表

评价模型	指标体系构成要素
指数模型	3个一级指标（产业生产力、产业影响力、产业驱动力），8个二级指标（文化资源、文化资本、人力资源、经济影响、社会影响、市场环境、公共环境、创新环境）、24个三级指标，以及48个测度变量
	16个一级指标，其中包括4个表征指数（文化产业发展水平、经济影响、社会文化影响、发展模式）和12个内涵指数（文化资源丰富程度、重点文化产业发展水平、文化产业布局和产业结构、文化产业增长方式、文化市场主体、各类文化市场、文化产品流通组织和方式、骨干文化企业、对外文化贸易、文化产业政策、文化产业创新能力、社会经济基础）、51个二级指标、91个三级指标和151个四级指标
	“5Cs”理论（创意的成果、结构及制度资本、人力资本、社会资本和文化资本）
	指数及权重：产业规模指数（30%）、科技研发指数（20%）、文化环境指数（20%）、人力资源指数（15%）、社会环境指数（15%）
文化竞争力模型	5个一级指标（文化内核竞争力、文化资源竞争力、文化经济竞争力、文化服务竞争力、文化创新竞争力）、18个二级指标和82个三级指标

（三）基于国家软实力角度的研究和讨论

软实力是哈佛大学教授约瑟夫·奈首创并影响全球的概念，相对于国内生产总值、城市基础设施等硬实力而言，软实力是指一个国家的文化、价值观念、社会制度等影响自身发展潜力和感召力的因素。国内学者建构了多种软实力评价的指标和模型。

这些模型将文化软实力分为三种、四种、五种，甚至更多的维度。比较典型的三维度指标将文化服务视为核心层，文化硬件服务视为相关层，文化增值服务视为外围层，借鉴的是西方净福利经济学观点，以及人地关系理论上的“集合理论”研究方法。四维度指标，包括文化知识生产力、文化产业竞争力、文化体制引导力及文化价值吸引力等。五维度选取文化传统、文化发展、文化传播、文化教育、文化营销五个一级指标，来建构多指标综合评价体系。也有从文化同质性、文化传播力、品牌竞争力、语言普及性和空间吸引力5个维度，来进行构建的研究。

基于国家软实力的研究发端于西方现代化理论的学术评价标准，体现西方的意识形态影响，对世界文化多样性的意义，对不同国家治理体系与社会经济文化发展的关系的理解，都存在一定片面性。西方的现代化理论，把中国社会归类为“古代社会”或“传统社会”，认为中国传统文化是保守孤立甚至落后的；按照波特的竞争理论衡量，中国文化不利于经济发展；按照约瑟夫·奈的软实力理论，西方的政治价值观是正确的，中国的社会制度与西方的社会制度不一致，因此就是“专制”的。简言之，用西方的标准来衡量，中国传统文化和中国当代社会制度几乎一无是处。这显然不能解释中国改革开放四十多年取得的伟大成就，不能解释中国高速发展的事实。因此，从西方文化评价标准的窠臼中跳出来，建立适合世界各国经济社会文化发展实践的、没有意识形态及文化优越论偏见的客观、可操作的文化评价体系，成为一个十分急迫的任务。

第三节 社会主义文化强国的实现标准

文化强国之“强”，一定是在比较中产生的。既要与过去的自己做比较，从中寻求进步和发展；也要与其他国家相比较，从中查漏补缺，拓宽文化建设的视野。从40多年来我国改革开放建设成就看，文化建设在走向2035年的征途上还有许多工作要做。在处理好社会效益和经济效益的关系、效率与公平关系的基础上，探索几条新的路径，真正使社会主义文化建设与新时代中国特色社会主义事业总体布局相适应，服务于社会主义现代化强国奋斗目标。着眼于中华民族伟大复兴战略全局和世界百年未有之大变局，将中国特色社会主义文化建设的实际与世界文化发展具有公约数性质的规律结合起来，社会主义文化强国的实现可以从四个方面的标准来衡量。

（一）价值标准

价值标准，是建设社会主义文化强国的一项根本标准。文化建设的本质是价值观建设，核心价值能够产生跨领域的巨大影响。例如，国家软实力评价标准，代表西方核心价值观，影响全球文化价值判断，即是其中典型一例。社会主义文化强国的价值建设，就是要坚定文化自信和文化自觉，基于社会主义核心价值观建构全社会理想信念、思想观念和价值理念。建成社会主义文化强国的价值标准主要指的是社会主义核心价值观深入人心，全社会的思想观念、精神面貌、文明风尚、行为规范达到新的境界。具体可以体现为：

马克思主义中国化时代化更加深入人心；

中国特色社会主义理论体系更加枝繁叶茂；

社会主义意识形态的引领力、凝聚力、吸引力和竞争力更加强大；

中华优秀传统文化中蕴含的核心价值得到有效传承和发扬光大，成为中国价值、中国精神的底色，成为凝聚全世界中华儿女的精神寄托；

中华民族共同体意识更加巩固，中国特色社会主义道路自信、理论自信、制度自信、文化自信更加坚定。

（二）现代文化产业体系标准

现代文化产业体系是文化产业发展到高级阶段建构的体系目标，是“以高科技含量、高文化创意、低能耗、强产业关联度与强互动性的有机文化产业群为核心，以技术、资本、人才等高端要素的自由流动为依托，文化产品和服务供给与文化消费需求平衡充分，大型文化企业与中小、小微文化企业关联互动，文化产业发展与地方特色文化资源、环境相匹配，与国际文化产业发展相衔接的链条完整、产业结构优化、高端要素集聚、产业协同、创新引领、机制体制灵活、竞争力强的产业系统”。①

重大技术进步是现代文化产业体系建立的基础，人民对美好生活的向往和文化消费需求的提升是总的趋势，提高文化产品与服务的供给水平，使之与人民实际需要相匹配、相平衡、相促进，是现代文化产业体系建立的方向。现代文化产业体系建立的标志，就是在纵向上，形成完整的文化产业链，并不断完善和提升产业链高端环节；在横向上，形成有效竞争的文化市场；在物理和虚拟空间上，形成合理分工合作的网格化组织形态；在原则上，实现社会效益与经济效益相统一，传承并弘扬中华优秀传统文化。

具体而言，现代文化产业体系的标准体现为以下几个方面：

创新程度。表现在高新技术和创意人才等核心生产要素，也包括数字文化产业等新兴产业崛起，以及传统文化产业的数字赋能。

---

① 顾江、陈鑫、郭新茹、张苏缘，《“十四五”时期健全现代文化产业体系的逻辑框架与战略路径》，《管理世界》2021年第3期。

高效程度。表现在各类平台为基础建构的产业生态，大企业主导的生产服务协作网络，中小企业和小微企业有序、高效和协同的组织体系。

竞争力程度。表现在各主体的生产技术能力、劳动生产率、全要素生产率、产品质量、比较优势，产品的品牌知名度、附加值，以及市场的规模、营销网络和对全球市场的主导能力。

开放程度。表现在产业间互相借力“+”的开放程度和中国文化产业参与全球文化产业竞争，并占据高端环节的程度。

灵活程度。文化产品与服务应对市场需求变化的灵活程度，深度融合前沿技术并加速应用落地的灵活程度，以及文化产业体系在不同发展阶段和地区自我调节的灵活程度。

（三）现代公共文化服务体系标准

公共文化服务体系建设一直是国家为了保障公民基本文化生活权利采取的举措，为保证公共文化服务目标实现，从2015年起国家专门制定了《国家基本公共文化服务指导标准（2015—2020）》，并在2021年出台整体性的《国家基本公共服务标准（2021年版）》。在这一文件中，公共文化服务实施标准被写入第九章“文体服务保障”的内容中，主要包括：

公共文化设施免费开放。公共文化设施指的是基本服务项目健全的公共图书馆、文化馆（站）、公共博物馆（非文物建筑及遗址类）、公共美术馆等。

送戏曲下乡。按照《关于戏曲进乡村的实施方案》规定执行。

收听广播。地面无线方式提供不少于15套广播节目，在直播卫星公共服务覆盖地区通过直播卫星提供不少于17套广播节目。

观看电视。地面无线方式提供不少于15套电视节目，在直播卫星公共服务覆盖地区通过直播卫星提供不少于25套电视节目。

观赏电影。为中小学生和农村群众提供优秀影片。

读书看报。在公共图书馆（室）、文化馆（站）、行政村（社区）综合文化服务中心、农家书屋等免费提供图书、报刊和电子书刊的借阅，在城镇主要街道、公共场所、居民小区等人员密集地点设置公共阅报栏（屏）。

少数民族文化服务。涉及民族语言广播电视节目，民族语言文字出版的、价格适宜的常用书报刊、电子音像制品和数字出版产品，少数民族特色的艺术作品，少数民族文化活动等。

（四）文化影响力标准

增强国家的经济竞争力、文化影响力和综合实力，是中国特色社会主义建设中的应有之义。随着国际传播能力建设的推进，向世界讲好中国故事、中国共产党故事，传播好中国声音，促进人类文明交流互鉴，进一步提升国家文化软实力和中华文化影响力，是我们党坚持社会主义核心价值观引领文化建设的重要目标之一。文化影响力可以从三大方面进行评价和评估。

文化市场影响力。可以从文化贸易水平和文化产业水平两个维度来衡量，文化贸易水平从文化贸易进出口总额、核心文化服务与核心文化产品进出口总额来评估，文化产业水平以文化创意产业的从业人数、资产规模及市场效率来衡量。

文化资源影响力。可以根据文化资源的特性分为四个方面：文化生产能力（文化产品的出版、发行能力等指标）、文化传播能力（国际会议、国际展览等指标）、文化吸引能力（外国留学生、游客等指标）、文化保有能力（博物馆、图书馆、重点旅游景区等指标）。

文化环境影响力。可以分为社会经济环境和社会生态环境。

案例　北京冬奥遗产

2008年北京夏季奥运会曾以绿色奥运、科技奥运和人文奥运三大理念，向世界呈现“世界给我十六天，我还世界五千年”的厚重文化遗产。有6个当时的比赛场馆在此次冬奥会中延续使用成为“双奥场馆”，许多参与本次冬奥会的骨干人才也曾在

14年前亲身服务或者历练过，许多年轻的志愿者是在夏奥“老”志愿者的“传帮带”中成长和成熟起来的。在北京的夏季奥运会上，国际奥委会第一次启动“奥运总体影响”研究项目，中国的研究者曾与全球同仁一起观察北京，研究举办一届奥运会，会给一个城市、一个国家留下什么样的社会、经济、文化影响。之后的每一天，到访和居住在北京的人，都或多或少地与这些有形或者无形的夏奥遗产进行着“亲密接触”。

如今“7年磨一剑”，一个更加开放、自信、繁荣、负责任的中国，以与14年前迥然不同但仍保持同样真诚的姿态，向世界倡导着携手构建人类命运共同体，“一起向未来”。我们用胸怀大局、自信开放、迎难向上、追求卓越、共创未来的北京冬奥精神，克服种种困难，上下团结一心，再一次完美地交出答卷，举办了一届“真正无与伦比”的冬奥会和“在温暖中永恒”的冬残奥会。这意味着，我们又收到一份新的考卷，那就是我们要积极谋划、接续奋斗，管理好、运用好北京冬奥的物质遗产、文化遗产和人才遗产。

在2022年2月发布的《北京2022年冬奥会和冬残奥会遗产案例报告集（2022）》中，收录了7大领域中形成的44个典型遗产案例，总结提炼了冰雪运动普及发展、冬奥场馆、科技创新、环境保护、城市更新、区域协同、文化传播、奥林匹克教育、志愿服务、包容性社会建设等多方面的亮点成果。那么，如何才能把冬奥遗产运用的效益最大化？

物质遗产的充分利用和不断提升。冬奥留下的物质遗产类型众多，其中奥运场馆遗产的使用是最直观的遗产利用指标，也是最大的难题，所以长期以来关于举办奥运会才会留下著名的“蒙特利尔陷阱”之喻，指的是1976年蒙特利尔奥运会超支十几倍，为市民留下持续20多年的财政负担的事。离现在不远的长野冬奥会和里约奥运会仍受困于此，留下无法继续使用的残破场馆遗迹。北京冬奥早早就对此做出应对方案，不仅充分改造和利用“双奥场馆”，新建场馆在建设时就引入PPP模式（政府和社会资本合作），“冰丝带”（国家速滑馆）、“雪飞燕”（国家高山滑雪中心）以及延庆赛区的奥运村、山地新闻中心、大众雪场等都是如此，场馆后续的开发和运营将由政府方和社会资本方共同来完成。这些模式为实现场馆遗产利用的最大化，提供了三种可能的路径：

第一，继续作为专业体育赛事举办场所，这就需要相关机构和北京市积极申办、举办高水平的国际专业赛事。继续像此次冬奥会做到的“冰水转换”“冰篮转换”“双栖利用”一样，充分利用最新科技手段来延展场馆的功能属性，使得场馆自身的功能更为强大。

第二，作为文旅设施和综合旅游目的地来开发，如首钢滑雪大跳台作为工业遗产旅游目的地和北京冬季奥林匹克公园新地标的开发模式。专业的体育场馆可以采用成熟的体育旅游产业模式，在非比赛时段开放给游客参观。这不仅关于场馆的利用问题，而且是推动冰雪运动普及发展，保持群众冰雪热情的重要物理载体。

第三，将专业场馆改造成为服务全民健身、体育文化休闲、多业态经营的综合体育设施，让人人都能在运动员夺冠的地方玩雪。例如，冰丝带的全冰面设计可以容纳2000人上冰，并由专业的体育经营企业来运营；而延庆赛区将由有滑雪度假产业运营经验的企业改造成全时旅游的休闲娱乐度假区，将雪季滑雪和非雪季山地运动整合起来。

冬奥文化资源的深入挖掘与持续利用。“冰墩墩”证明我们可以成功运作世界级的吉祥物IP。奥运吉祥物的传播虽然有天然的平台优势，但严格的知识产权限制，使奥运吉祥物可以衍生的范围非常有限。“冰墩墩”带来的媒体热度和叹为观止的“一墩难求”的销售盛景，是值得深入研究和复制的文化产业案例。被盛赞的以开闭幕式为代表的中国声音的表达，为未来坚定文化自信，更加自信从容传播中国声音、讲好中国故事，提供了长期开放的探索与思考。而北京作为国际交往中心，向世界展示真实、立体、全面的中国的经验，也是宝贵的。在北京冬奥会和冬残奥会上所体现的人道主义精神，奉献、友爱、互助、进步的志愿精神，都是未来促进社会文明进步的。北京冬奥所传递的中国新时代的文化形象，随着2035年建成文化强国的远景目标逐步实现，也将承担着中国未来如何为人类文明进步贡献更多中国智慧和中国力量的责任。

以人民为中心的发展导向，将“人”作为冬奥遗产的核心。北京冬奥会的成效之一，就是成功带动“三亿人上冰雪”。过去我们的冰雪运动不出山海关，到如今参与冰雪运动的人数达3.46亿，冰雪运动打破地域和季节的限制，在中国得到快速推广。冬奥的筹办，极大推动了中国冰雪运动教育事业发展和人才储备。冬奥是一个契机，塑造一批优质的社会偶像，培养一批多领域的专业人才，鼓舞数十万志愿者让我们的城市更加文明温暖，更把体育健身的种子种在了广大人民群众的心里。

第四章 文/化/强/国

传承红色基因
赓续中国文脉

红色是中国共产党、中华人民共和国最鲜亮的底色。红色基因蕴含着中国共产党人的精神密码，是中华民族宝贵的精神财富。回望我们党走过的壮阔历程，红色血脉代代相传，激励中国共产党人砥砺奋进。我们要把红色基因传承好，推动中华优秀传统文化创造性转化、创新性发展，继承革命文化，发展社会主义先进文化，提高国家文化软实力。我们要继续讲好中国共产党的故事，讲清中国共产党带领人民从站起来、富起来到强起来的雄辩事实，讲透中国共产党为什么能、中国特色社会主义为什么好，坚定中国特色社会主义道路自信、理论自信、制度自信、文化自信。

第一节 中华优秀传统文化的保护实践

党的十八大以来，习近平总书记高度重视中华优秀传统文化的传承和弘扬，对传承发展中华优秀传统文化作出总体指导，提出“创造性转化、创新性发展”的方针，强调要系统梳理传统文化资源，让收藏在禁宫里的文物、陈列在广阔大地上的遗产、书写在古籍里的文字都活起来。2017年，中央办公厅、国务院办公厅出台《关于实施中华优秀传统文化传承发展工程的意见》，专题阐述中华优秀传统文化传承发展工作。2021年，中宣部印发《中华优秀传统文化传承发展工程“十四五”重点项目规划》，在2017年已有的15个重点项目基础上扩展为23个重点项目，突出了技艺、传承、创新和传播四个方面。

在技艺方面，着力于摸清文化家底，建立完善文化资源数据库，加强典籍整理编纂出版，深入研究阐释中华文化的历史渊源、发展脉络、基本走向；在传承方面，着力于做好文化遗产保护传承工作，坚持保护为主、抢救第一、合理利用、加强管理的方针，加大投入力度，运用现代科技力量，提高保护传承水平；在创新方面，着力于从中华文化资源宝库中提炼题材、获取灵感、汲取养分，推出一批优秀文艺作品，积极推动传统文化内涵更好更多地融入生产生活、贯穿国民教育始终；在传播方面，着力于融通多媒体资源，主动设置议题，创新表达方式，注重转化利用，加大传播力度，增强传播效果，大力彰显中华文化魅力。

（一）摸清家底梳理资源

从2017年中华优秀传统文化传承发展工程的15个重点项目推进以来，中华文化资源普查工程、国家古籍保护及数字化工程、中华经典诵读工程、中国传统村落保护工程、非物质文化遗产传承发展工程、中华民族音乐传承出版工程、中国民间文学大系出版工程、戏曲传承振兴工程、中国经典民间故事动漫创作工程、中华文化广播电视传播工程、中华老字号保护发展工程、中国传统节日振兴工程、中华文化新媒体传播工程、系列文化经典、革命文物保护利用工程等，在摸清文化家底方面取得相当大的成绩。

文化遗产和非物质文化遗产，涵盖遗产的物质与非物质两个方面。截至中华优秀传统文化传承发展工程重点项目规划出台，全国建立具有中国特色的国家、省、市、县四级非遗名录体系，认定非物质文化遗产代表性项目10万余项。其中，国家级非遗代表性项目1557项，认定国家级非遗代表性传承人3068名。在文化遗产领域，全国公布140座国家历史文化名城、312个中国历史文化名镇、487个中国历史文化名村、6819个中国传统村落，划定1065片历史文化街区，确定5.41万处历史建筑。

截至2021年底，全国累计完成古籍普查登记数据270余万部，公布6批《国家珍贵古籍名录》和全国古籍重点保护单位，累计修复古籍超过385万页，培训古籍从业人员1万余人次，制定颁布古籍保护国家标准、行业标准17项，全国累计发布古籍数字资源达7.2万部；《中华再造善本（一、二编）》《国学基本典籍丛刊》等重大出版项目顺利实施。

近年来，中华文化资源普查工程、国家古籍保护工程、中国民间文学大系出版工程、中华民族音乐传承出版工程等持续推进，不断取得新进展、新成效。完成全国地方戏曲剧种普查并发布成果，组织编写《中国戏曲剧种全集》；推进古籍普查，完成270万部1.8万函；推进美术馆藏品普查，报送数据41.4万余条，数据总量6.9TB……文化和旅游部积极推进文物、非遗、古籍、地方戏曲剧种、美术馆藏品普查和复核工作，中华文化资源普查工程取得了一系列成果。

中央宣传部牵头实施中华民族音乐传承出版工程，对全国范围内的民族音乐进行调研普查，通过采风录制收集整理散存于各地区、各领域的民族音乐资源，录制约128小时的采风样品；

初步建成数据库、音色库；完成数字化修复约1328小时。中国民间文学大系出版工程共有195卷启动编纂工作，其中32个分卷进入出版社编校程序，基础资料数据库一期、二期、三期共完成14577册3169961页。《中华传统文化百部经典》编纂项目不断推进，截至2020年底，已完成图书编纂出版5批共计40种。住房和城乡建设部牵头的中国传统村落保护工程，已公布135座国家历史文化名城、799个中国历史文化名镇名村、6819个中国传统村落，划定历史文化街区912片，确定历史建筑3.85万处。①

在“十四五”规划重点项目中，还新增8个重点项目：国家文化公园建设工程、黄河文化保护传承弘扬工程、大运河文化保护传承利用工程、中华古文字传承创新工程、农耕文化传承保护工程、中医药文化弘扬工程、城市文化生态修复工程、历史文化名城名镇名村街区和历史建筑保护利用工程。

（二）传承保护融入生活

近些年来，《非物质文化遗产传承发展工程实施方案》《非物质文化遗产保护专项规划（2019—2025）》相继印发，在非物质文化遗产保护领域，在遵循国际通行的相关保护公约、操作手册和各种原则基础上，中国还依据自身的文化存续特征创新

① 《彰显文化魅力　增强文化自信》，《人民日报》2021年4月13日。

保护形式，创新文化生态保护区的形式，为全球贡献了中国智慧和中国方案。

国家级文化生态保护区，是指以保护非物质文化遗产为重要任务，对历史文化积淀丰厚、存续状态良好、具有重要价值和鲜明特色的文化形态进行整体性保护，并经文化和旅游部同意设立的特定区域。2011年6月1日起实施的《中华人民共和国非物质文化遗产法》规定："对非物质文化遗产代表性项目集中、特色鲜明、形式和内涵保持完整的特定区域，当地文化主管部门可以制定专项保护规划，报经本级人民政府批准后，实行区域性整体保护。"2007年以来，截至2020年6月，国家有关部门先后批准设立了闽南文化、徽州文化等24个国家级文化生态保护实验区。此外，各省、自治区、直辖市相继设立100多个特色鲜明的省级文化生态保护区，形成了分层多元的文化生态保护区建设体系。2019年12月，为加强非物质文化遗产区域性整体保护，进一步推进国家级文化生态保护区建设，文化和旅游部将闽南、徽州、热贡、羌族、武陵山区（湘西）土家族苗族、海洋渔文化（象山）、齐鲁文化（潍坊）等7个文化生态保护实验区，正式公布为国家级文化生态保护区。

文化生态保护区的设立，在推动我国非物质文化遗产的整体性保护、促进区域性经济社会协调发展等方面发挥重要作用，其意义主要在于：第一，关注人与环境的关系，将人的生活与自然环境、社会环境协调起来，以建立文化自信、文化自适、文化自觉的和谐结构，加强了文化生态的保护与修复。第二，抓住文化特色这个关键点，以传统文化为基础，把非物质文化遗产与当地的老街、传统村落和民众常态化的生活结合在一起，激发非遗在社区中的活力，确保了非遗的活态传承与保护。第三，促进文化与旅游业的深度融合，强化政府作为主导作用的角色定位的同时，最大限度地调动广大民众的积极性和参与性。①

随着数字时代的到来，数字文化产业形态将成为中华优秀传统文化创新保护传承的重要工具，在《"十四五"文化产业发展规划》中就提到，"充分运用数字文化产业形态推动中华优秀传统文化创造性转化、创新性发展，继承革命文化，发展社会主义先进文化，打造更多具有影响力的数字文化品牌"。

重大项目的推进，是促进中华优秀文化传统创新保护融入生活的方式。"十四五"期间，国家文化公园建设、黄河文化保护传承弘扬、大运河文化保护传承利用、中华古文字传承创新等，必将在推动中华优秀传统文化传承发展中发挥重要作用。

（三）创新表达讲好故事

在"讲好中国故事，传播好中国声音"的过程中，需要着

① 马盛德，《文化生态保护区建设的探索与实践》，《中国民族报》2020年8月7日。

力打造融通中外的新概念新范畴新表述。中华优秀传统文化在传播过程中，需要创新内容和形式的表达，与时俱进地以符合当下时代传播特征的产品来实现。其中，政策的引导，方式的创新，科技的助力，缺一不可。

2020年开始互联网技术在文化领域得到广泛应用。“云观展”“云演唱会”“云戏剧”加速技术的提升和应用。线上演出和进一步的互动沉浸式虚拟技术的应用，逐渐成为主流方式之一。在2020年至2022年短短三年间，线上演出已发生自身的进化，很多演唱会和展览不再是线下演出的暂时替代品或衍生品，而是有了独立内容价值和商业价值的文娱产品。由于技术和传输速度的提升，真正的直播在此前以录播为主的线上演出的占比越来越大，并越来越深度与社交媒体融合、越来越具有过去的线上演出不具有的精致感和故事性。可以观察到，线上演出越来越具有专业质感、互动体验和艺术价值。

大量不可移动的优秀传统文化，以“全景兵马俑”“全景故宫”和“云游敦煌”等数字展厅的形式，借助互联网或手机进入千家万户。

电视作为曾经的主要媒介、如今的融媒体中介，承担起讲好故事，让更多百姓爱上传统文化的责任。综艺节目在这方面已经探索出成熟的模式并正在快速复制。《中国地名大会》《中国诗词大会》《中国考古大会》等综合调动竞赛、解读、文艺、故事等多种元素来讲述中国优秀传统文化，与《典籍里的中国》《宝藏》《经典咏流传》《阅读·阅美》等节目一道，为坚定文化自信拓展新的内容，吸引新的群体。传统改编持续进行，中国经典民间故事动漫创作工程推出《大禹治水》《愚公移山》《杨家将》《大运河奇缘》《百鸟朝凤》等传统文化动画片。

在海外传播方面，以文艺作品、电视节目为抓手，有意识地主动向海外介绍中华优秀传统文化。以“舞动中国”项目为例，精选《丝路花雨》《我的梦》《国色·十二生肖》三台艺术精品，推广到北美、南美、大洋洲，在美国、加拿大、澳大利亚、新西兰、巴西、阿根廷、乌拉圭、智利8个国家的数十座城市巡回演出。“中华之美”海外传播项目中，纪录片《记住乡愁》的国际版和介绍中国传统节日的《佳节》等节目，均成为充满人文气质的新时代的中国形象宣传片。

以广电视听领域为例，在创新表达、讲好中国故事方面，可以总结出以下几个主要特征。

第一，政策引导创作生态的营造。在中华优秀传统文化传承发展工程中，广电视听领域涉及“中华文化广播电视传播工程”“中国经典民间故事动漫创作工程”等重点项目。2021年12月，国家广播电视总局印发《关于建立新时代广播电视和网络视听精品创作引导机制的意见》，从主动出题策划、组织采风调研、狠抓剧本创作、跟踪制作进度、抓好排播宣介、加强评估评价6个环节明确要求和举措，加强全流程跟踪指导、全链条服务保障。

引导还体现在对已有好案例的鼓励上，如河南卫视在多个传统节日推出一系列原创节目《唐宫夜宴》《端午奇妙游》等，在国内引起广泛关注，形成新兴的“国风”综艺审美。国家广播电视总局顺势倡导文化类节目针对“中国节日”进行优质内容的创作和播出。

第二，跨媒介平台的合作机制。传统文化类电视节目越来越多与网络视听平台和社交媒体协作，以台网联动来“破圈”，以应对当下媒介的多样性和受众观赏习惯的迁移。河南卫视的《舞千年》将原本属于特定群体的传统舞文化变成新潮流，5位荐舞官与13支舞团一起巡游四朝，以奇舞著书《十二风舞志》，共同讲述蕴藏于舞蹈之中的华夏故事。在视频网站推出的“春晚”让民乐等传统乐器出圈，这一潮流与主要基于电视节目的《声入人心》《上线了华彩少年》等一道，把古典舞蹈、舞剧、民乐、美声等节目和演员带到年轻人身边，也是对跨媒介平台合作的正向延续。围绕中国传统节庆、传统艺术、传统审美的一系列文化产品，使年青人能够发自肺腑地表达出对“中国潮”“国风”的文化自信。

同类型的节目尝试还包括网络视听平台的其他尝试，如《登场了！敦煌》《登场了！洛阳》等系列节目，用年轻化的视角解读厚重的传统文化，是“文化+”创作在当前互联网创作语境下令人耳目一新的尝试。这类节目充分发挥互联网长尾优势，将国乐、武术、舞蹈、杂技、考古、服饰等相对小众的文化门类第一次与大众相嫁接，形成了新的发展空间。

第三，文化元素内核与视觉审美结合。文化类节目在视觉审美的提升上，近年来表现明显。通过对中华优秀传统文化的艺术化和影视化转化，形成新的民族美学屏幕视觉美学，以《中国诗词大会》的诗意、《端午奇妙游》的水下舞蹈为代表，都是这方面尝试的例证。

第二节 | 红色基因与革命文化的传扬

红色是中国共产党、中华人民共和国最鲜亮的底色。2022年4月，习近平总书记在视察中国人民大学时再一次提到“红色基因”，强调坚持党的领导，传承红色基因，扎根中国大地。红色基因的传承，指的是挖掘、整理和研究“红色资源”，讲好中国共产党的故事，赓续“红色血脉”。

（一）红色资源与红色文化

在我国960多万平方公里的广袤大地上红色资源星罗棋布，在我们党团结带领中国人民进行百年奋斗的伟大历程中红色血脉代代相传。红色资源是我们党走过的光辉历程和取得的重大成就的体现，展现了我们党的梦想和追求、情怀和担当、牺牲和风险，包括物质的和非物质的革命遗产，包括我们党所经历的每一处革命遗址、每一件革命文物、每一个历史事件、每一位革命英雄。

革命文物凝结着中国共产党的光荣历史，展现了近代以来中国人民英勇奋斗的壮丽篇章，是革命文化的物质载体，是激发爱国热情、振奋民族精神的深厚滋养，是中国共产党团结带领中国人民不忘初心、继续前进的力量源泉。我国保存和遗留了丰富多样的革命文物资源。国家制定革命文物定期排查制度，对革命文物和革命文献档案史料、口述资料进行调查征集，对馆藏革命文物开展认定、定级、建账和建档工作，并分批公布全国革命文物名录，建立革命文物大数据库，推进革命文物资源信息开放共享。根据2018年的统计，全国革命专题博物馆和纪念馆808家，与近现代重要革命直接相关事件和人物有关的可移动文物49万件套。我国登记革命旧址、遗址33315处，其中全国重点文物保护单位477处；抗战文物3000多处，长征文物1600多处[①]。

在中国共产党成立到中华人民共和国成立期间，就有相当多的革命历史事件发生，如中国共产党民主革命纲领的确定、第一次工人运动高潮、中国共产党历次全国代表大会、第一次国共合作的正式形成、五卅运动、南昌起义、八七会议、秋收起义、井冈山革命根据地的创建、古田会议、红军反“围剿”战争、中央红军主力长征、遵义会议、八一宣言、瓦窑堡会议、洛川会议、平型关大捷、《论持久战》发表、百团大战、皖南事

① 《我国登记革命旧址、遗址达33315处　全国红色旅游年出行人数突破8亿人次》,《人民日报》2018年7月31日。

变、大生产运动、延安整风运动、重庆谈判、土地制度改革、三大战役等。这些历史事件，及其中无数的感人故事、革命英雄，都是红色资源的主要组成部分。

（二）红色文化作为革命老区特色文化产业重要内容

国家实施的革命文物保护利用工程的其中一个创新举措，就是建设革命文物保护利用片区，加强革命文物的资源整合和整体保护，加大对革命老区的支持力度。2014—2016年，通过整体规划、连片保护，实施了赣南等原中央苏区革命旧址的保护利用工程，实施革命旧址项目750个，支持项目资金多达11亿元，使原中央苏区革命文物保护和利用状况得到了很大的改善，周边环境状况也得到了提升，大批革命文物“活起来”，革命老区受益县多达54个。[①]

革命老区，或者说革命文物保护利用片区所具有的红色文化资源，是地区在脱贫基础上实现振兴的重要依托。《关于实施革命文物保护利用工程（2018—2022年）的意见》提出，打造红色旅游品牌，推出一批研学旅行和体验旅游精品线路，促进

① 《我国登记革命旧址、遗址达33315处　全国红色旅游年出行人数突破8亿人次》，《人民日报》2018年7月31日。

革命老区振兴发展。在新闻发布会上，文化和旅游部政策法规司的有关同志表示，要依托革命文物资源，推出更多以红色文化为主题的研学旅行、体验旅游、休闲旅游项目，还有精品旅游线路，丰富红色旅游产品的文化内涵，提升红色旅游的服务质量。

这一倡议，得到国家文化产业发展部门的认可。《“十四五”文化产业发展规划》（以下简称《规划》）提到，“支持革命老区发展特色文化产业，传承弘扬红色文化”。《规划》还提到统筹文化和旅游资源的发掘和利用，推动红色文化资源要素转化为旅游产品，通过富有文化底蕴的世界级旅游景区和度假区，以及文化特色鲜明的国家级旅游休闲城市和街区，发展红色旅游，让人们在领略自然之美中感悟文化之美、陶冶心灵之美。推动红色文化元素和红色文化体验融入食、住、行、游、购、娱等环节，为旅游注入更加优质、更富吸引力的文化内容，因地制宜开发出特色鲜明、红色文化内涵突出、游客参与度高的文化节庆活动。在《规划》中具体提到的黄河文化产业带、海峡西岸特色文化产业带里，也强调推动红色基因的传承和红色文化的发展。

（三）红色文化作为文化产品的重要表现主题

文化产品中的红色文化，是用文化产品的形式来展现红色资源中的党史故事、革命遗迹和革命文物。我们对红色资源不仅要加大保护力度，而且要充分利用、充分展示、充分传播。

在党史中，曾涌现出无数感人的英雄事迹和革命故事，留下许多珍贵的文物资料和优秀的革命历史小说、连环画、电影、文艺演出等，这些故事和文物都是党史学习教育的生动教材。以后甚至改革开放以来，传统的红色主题文化产品，如影视作品、文艺演出、展览展示和旅游产品，都是最常见的。

在文化产业蓬勃发展的今天，红色文化元素被赋予更多的内涵和较高的艺术价值，形成了更为多样的文化产品样态。以红色文创产品为例，其具有鲜明的时代特征、价值功能与政治诉求，已成为当今文创产品领域的一种独特形式。红色文创产品突出“红色”特性，结合现代设计语言，用灵活多样的物质载体讲述内涵丰富的“红色故事”，实现了历史语境与历史形象的还原再现，不仅是红色历史与艺术语言的融合体现，而且是引导和教育民众的有益艺术形式。[①]新时代红色文创产品的出现，改变了过去以严肃、说教、脸谱化为主色调的红色文化产品的情绪色彩，使红色文化变得亲切、生动，富有生活气息。

在数字文化产业兴起的背景下，结合新的媒介形式的特点，红色文化具有新业态的属性，产生了新的可能。助力红色文化产品实现新升级的主要手段，有平面及产品设计、以AR/VR为

---

① 《文创设计助力红色文化传承》,《新民晚报》2021年11月7日。

代表的视觉体验和沉浸式体验科技、短视频和游戏等新社交媒体。从更贴近实际、更贴近生活、更贴近群众出发，更加开放地拥抱数字媒体时代带来的新可能，推动红色文化由单向线性传播朝交互式、网格式、众创式的新模式来发展，也正与红色文化强大生命力一脉相承。

第三节 中华优秀传统文化的创造性转化与创新性发展

党的二十大报告提出，我们要坚持马克思主义在意识形态领域指导地位的根本制度，坚持为人民服务、为社会主义服务，坚持百花齐放、百家争鸣，坚持创造性转化、创新性发展，以社会主义核心价值观为引领，发展社会主义先进文化，弘扬革命文化，传承中华优秀传统文化，满足人民日益增长的精神文化需求，巩固全党全国各族人民团结奋斗的共同思想基础，不断提升国家文化软实力和中华文化影响力。“创造性转化、创新性发展”的“两创”，为我国文化建设事业的发展指明了方向。

实现中华优秀传统文化的“两创”，既包括以中华优秀传统文化资源为素材，直接进行多种形式的文艺精品创作，又包括在中华优秀传统文化资源基础上进行创意开发，生成各种文创商品、节庆活动、旅游线路、展览展示等。而如何将文化资源梳理明晰、描述准确、使其易于获得，成为实现“两创”的关键一环。

中华优秀传统文化是中华民族的精神命脉。要努力从中华民族世世代代形成和积累的优秀传统文化中汲取营养和智慧，延续文化基因，萃取思想精华，展现精神魅力。要以时代精神激活中华优秀传统文化的生命力，推进中华优秀传统文化创造性转化和创新性发展，把传承和弘扬中华优秀传统文化同培育和践行社会主义核心价值观统一起来，引导人民树立和坚持正确的历史观、民族观、国家观、文化观，不断增强中华民族的归属感、认同感、尊严感、荣誉感。深入挖掘梳理传统文化精华精髓的同时，还要不断推动中华优秀传统文化扬弃继承、转化创新，不断赋予中华优秀传统文化新的时代内涵和表达形式。

（一）增强历史自觉，坚定文化自信

对中华优秀传统文化的继承和转化，离不开充分的历史自觉和文化自信。2022年5月27日，中共中央政治局就深化中华文明探源工程进行第三十九次集体学习。习近平总书记强调中华文明源远流长、博大精深，是中华民族独特的精神标识，是当代中国文化的根基，是维系全世界华人的精神纽带，也是中国文化创新的宝藏。文物和文化遗产承载着中华民族的基因和血脉，是不可再生、不可替代的中华优秀文明资源。要让更多文物和文化遗产活起来，营造传承中华文明的浓厚社会氛围。

要积极推进文物保护利用和文化遗产保护传承，挖掘文物和文化遗产的多重价值，传播更多承载中华文化、中国精神的价值符号和文化产品。

2001年，“中华文明起源与早期发展综合研究”项目被正式提出，简称为“探源工程”，是一项迄今为止中国规模最大的综合性多学科参与研究人文科学重大问题的国家级研究项目，有近400位学者共同参与。“探源工程”围绕公元前3500年到公元前1500年期间的浙江余杭良渚、山西襄汾陶寺、陕西神木石峁、河南偃师二里头等四处都邑性遗址和黄河流域、长江流域、辽河流域的其他中心性遗址实施重点发掘，并对这些遗址周边的聚落群开展大规模考古调查。古遗址是古人居住和生产活动中形成的具有一定空间分布的遗迹、遗物和所在自然空间的集合。据2019年国务院公布第八批全国重点文物保护单位分类，我国的文物保护单位分为古遗址、古建筑、古墓葬、近现代重要史迹及代表性建筑、石窟寺及石刻、其他等6类。在考古基础上，开展多学科综合研究，对各个区域的文明化进程、环境背景、生业形态、社会分化、相互交流、中华文明多元一体格局的形成过程、模式与机制、道路与特点进行多学科综合研究。①

① 王巍，《“中华文明探源工程”及其主要收获》，“中国社会科学网”，2022年5月29日，网址：http://arch.cssn.cn/kgx/ycsf/202205/t20220529_5410195.shtml.

"探源工程"展现了中华文明起源发展历程，实证了中华5000年文明。工程打破冶金术、文字和城市"文明三要素"的限制，充分参考古代文明的共同特征，根据中国历史材料和中华文明的传承特点，总结出以国家的出现作为进入文明社会的标志。这一标准认为，城市的出现是生产发展、人口增加的结果，阶级的出现是社会分工和社会分化不断加剧的结果，王权和国家的出现是权力不断强化的结果。"探源工程"由此提出，在距今5100年到4300年前，一些文化和社会发展较快的地区相继出现了早期国家，跨入了文明阶段，各个区域文明形成"早期中华文化圈"，并对外交往，形成早期中华文化影响圈。①

（二）素材库的新型基础设施建设

2020年5月，中宣部文改办下发《关于做好国家文化大数据体系建设工作通知》（以下简称《通知》），提出推进文化与科技深度融合，依托现有工作基础，标注中华民族文化基因，把非物质文化遗产中蕴含的优秀传统文化精神标识提炼出来，建设物理分散、逻辑集中、政企互通、事企互联、数据共享、安全可信的文化大数据服务及应用体系，面向全社会开放，将

① 王巍，《"中华文明探源工程"及其主要收获》，"中国社会科学网"，2022年5月29日，网址：http://arch.cssn.cn/kgx/ycsf/202205/t20220529_5410195.shtml.

中华文化元素和标识融入内容创作生产、创意设计以及城乡规划建设，生态文明建设，制造强国、网络强国和数字中国建设，为在新技术条件下推动中华优秀传统文化创造性转化、创新性发展，继承革命文化，发展社会主义先进文化打好基础。

在《通知》中，明确安排8项主要任务：中国文化遗产标本库建设、中华民族文化基因库建设、中华文化素材库建设、文化体验园建设、文化体验馆建设、国家文化专网建设、国家文化大数据云平台建设、数字化文化生产线建设等。其中，中华文化素材库建设在《通知》中描述为：以文化遗产数字化成果为对象，集成运用各种新技术，将已标注和关联的文化数据进行解构，萃取中华文化元素和标识，分门别类标签化，为内容创作生产、创意设计，以及城乡规划建设、生态文明建设、制造强国、网络强国和数字中国建设提供素材。

进入数字时代，在如今兴起的数字文化科技中，文化素材进一步获得严格的数字人文内涵：被界定为被解构为更小单元的，承载特定文化意义的基本信息模块，这种模块可以是文字、图像、声音等不同形式，新的创意与创造就是这些信息模块所承载的文化信息的自我复制和应用。简言之，数字时代的文化素材是携带文化意义的基本信息单元。与此前的数字形式素材不同之处在于，文化素材重新恢复了相关基本单元的文化含义。文化素材从刚刚进入数字和网络时代仅仅局限于形式的要素单元，丰富为可以综合服务于创造性转化和创新性发展的基本结构模块。

在这一语境下，文化素材库的建设从一种习以为常的抽象存在变成了可以通过科学方式抢救、整理、统计、转化应用的可能性，从一项倡议和指导原则变成一种可行性探讨建议。文化素材数据库建立的文化工程学意义在于：用数字化技术对当地文化资源（如物质文化遗产、非物质文化遗产、风物传说、历史人物事件和风景名胜等）符号进行样本采集、符号元素提取、文化解读，并在此基础上对基本文化符号元素进行语义联配和知识图谱建构。

广义上的文化资源，指的是人们在文化生产和活动中利用的各种资源的总和。过去的“文化资源整理”，是将各种原始资源汇总在一起，进行分类和呈现。其优势是能够对当地文化资源情况进行全面掌握，劣势是非专业人士没有能力直接处理原始材料，利用资源进行再次创作和转化时，容易脱离语境生编硬造，或者拘泥于原有形式，无法真正创作顺应时代和媒介特征的新作品。

文化素材与文化基因，具有相似的特性。生物学意义上的基因具有选择、变异、复制、重组、遗传等特性，在时间、空间、环境等因素的共同作用下，产生了生物的多样性。文化创造亦如是，通过表征、量化、解构、解读、检索、重构等6种核心技术，可以助力中华优秀传统文化成为服务“两创”的文化素材库，也有助于不同领域的研究者和传承者更好地利用文化素材进行创造和创新。

2018年12月，在中央经济工作会议中首次提出“加强人工智能、工业互联网、物联网等新型基础设施建设”。2020年4月，国家发展改革委员会解释了“新型基础设施”的概念和内涵，即以新发展理念为引领，以技术创新为驱动，以信息网络为基础，面向高质量发展需要，提供数字转型、智能升级、融合创新等服务的技术设施体系。“新基建”主要包括信息基础设施、融合基础设施和创新基础设施。“基础设施”与“文化素材库”一样，是一个具有新时代内涵的概念。相比传统基建，科技创新驱动、数字化和信息网络三大要素是新基建的特色。显然，文化素材库的建立，在实现中华优秀传统文化的创造性转化和创新性发展方面，是重要的新型基础设施。

（三）中华优秀传统文化实现“两创”的基本路径

中华优秀传统文化实现创造性转化和创新性发展，创作出文艺精品，与一般的资源转化有所不同，存在着一些理念上的矛盾和困境。

矛盾主要表现在以非物质文化遗产为代表的中华优秀传统文化，其发展理念是以保护为导向的向内发展，这一方向与文艺精品及优秀文创产品的创作之间存在不同的判定标准。非遗IP的直接转化受到诸多限制，根据2003年联合国教科文组织

《保护非物质文化遗产公约》，2015年《非遗伦理原则》和中国非遗保护理念、法规和条文的界定，对于非遗资源的使用需要非常谨慎。以非遗为代表的传统文化保护是向内展开的，在联合国教科文非遗伦理原则下，对于非物质的传统文化保护的价值观包括三个方面：首先，确保社区在保护进程中应有的中心作用，因为“非物质文化遗产”以相关社区、群体和个人的自我授权为特征，保留了文化创造者、传承者和实践者群体对其自身的文化遗产予以界定的权利；其次，符合现有国际人权文件的精神，符合相互尊重的需要，符合可持续发展的要求；最后，符合人类的整体利益和共同关切。

换言之，根据上述非遗伦理原则的约束，对非遗项目进行再创作，需要受到几重限制：首先，需要充分尊重传承人和项目所属社区民众的意见，不能“瞎改”；其次，不能“榨干”式开发，需要确保这些文化传统依然能够健康存续；最后，再创作的内容需要符合主流价值观。其中，前两项的判定标准非常模糊，常常被设定为较低的阈值，稍微的突破都可能会被当地人判定为“不当”和“破坏”。

优秀文艺作品和文创产品的判定则是向外的，根据联合国教科文组织另一个重要的公约——2005年《保护与促进文化表现形式多样性公约》，优秀文艺作品和文创产品是将人类文化遗产通过丰富多彩的文化表现形式来表达、弘扬和传承，也体现在借助各种方式和技术进行的艺术创造、生产、传播、销售和消费。无论是获得重要奖项，得到广泛好评，还是粗浅地用“流量”来判定，其判定依据都不是这种创作在多大程度上忠实于原来的样子。

矛盾的另一个表现是文化产品供求双方的立场和视角不同，双方存在脱节与矛盾。文化资源的持有人和转化者，多数情况下站在供给方角度思考文化产品的生产问题。在这个过程中，常常与需求方和文化消费者的立场相背离。在我们平时观察到外界和当代艺术家对人们熟悉的经典IP进行改编时，总会不自觉化身为经典的“捍卫者”，对新的改编和改变产生强烈的反弹。典型的案例，如《西游记》的各种改编，总有声音认为改编作品伤害了《西游记》原著或者1987版央视《西游记》电视剧。殊不知，《西游记》小说本身就是改编的结果，更不用说1987版央视《西游记》对原著小说早有了大量的更改。而《功夫熊猫》《哪吒》《姜子牙》等动画片在国内上映时，也总有大篇幅的讨论是围绕这些改编作品是不是对原著造成伤害。

当文化资源涉及非物质文化遗产项目时，更会如此。尽管如前所述非遗项目的解释权在社区、群体和个人，也就是俗称的“传承人群体”，针对非遗的改编需要充分听从他们的想法。然而，一些传承人对自己所传承的非遗最值得保护的核心部分了解未必科学。即使他们在保护工作中的观点非常准确权威，但在针对非遗项目进行改编和再创作以进入当代生活和当代审美方面，他们未必有清晰的认知。随着非遗保护工作的开展，这种偏差显得更为突出。

上述理念上的瓶颈是传统文化IP进行改编和创作过程中普遍存在的问题，具体到依据传统文化资源进行文艺精品创作的工作和项目中，也有三项同样普遍存在的现实困境。

长远来看，中华优秀传统文化的两创过程中容易出现概念与边界含混不清的问题，需要组织不同的研究力量，将含混不清的概念和边界弄清，为传统IP进行改编和创作做好充分准备。针对非遗类型的传统IP，需要划清的边界在于非遗项目中不可改编和改变的核心部分；针对历史类型的传统IP，需要划清的边界在于历史史实和人物的描述和改编边界；针对其他类型的传统IP，需要划清的边界在于知识产权的归属等问题。

针对需要灵活根据媒介特征改变叙事方式，在有限资金时间条件下实现高质量创作等对文艺创作提出较高层次要求等问题，需要进一步加强创意能力培育。在借助外力的同时，加强自身创意人才的培养。一方面，对IP持有人，也就是各类非遗传承人和社区进行创意培训，举办相关传承人培训班，邀请各地创意人才与传承人一道头脑风暴，提高传承人群体自身的创意能力和理解力；另一方面，邀请各种设计大师、创意大师来与当地创意人、学生对话，培养自己的创意人才。同时，鼓励当地的创意人才与全国、全球的有关领域交流与合作，从整体上提高创意理解力。

针对其他对文艺创作提供高质量要求的问题，可以培育跨行业的“创意池”。每个领域都有杰出的人才，但人才往往都聚焦各自的领域，要想创作出内容精彩、设计优异、叫好又叫座的文艺精品，需要多个行业协作。临时针对单个项目的跨行业合作较容易达成，想要实现长期的创意输出，应该培育跨行业的“创意池”。为实现这一目标，需要在机制上建立能够沟通各个领域人才的协调机构，组织跨行业的对话与合作。

第五章 文 / 化 / 强 / 国

繁荣和发展中国特色哲学社会科学

一个国家的发展水平，既取决于自然科学发展水平，也取决于哲学社会科学发展水平。坚持和发展中国特色社会主义，需要不断在实践和理论上进行探索、用发展着的理论指导发展着的实践。在这一过程中，哲学社会科学具有不可替代的重要地位。必须以习近平新时代中国特色社会主义思想为指导，坚持推进马克思主义中国化时代化，全面提升学科体系、学术体系、话语体系建设水平，以高度的理论自信、学术自信构建中国自己的学术理论。

第一节 切实发挥马克思主义对哲学社会科学的引领作用

坚持马克思主义为指导，是当代中国哲学社会科学区别于其他哲学社会科学的根本标志，必须旗帜鲜明加以坚持。马克思主义不仅是当代中国哲学社会科学的灵魂，也是中国特色哲学社会科学沿着正确道路发展的根本保证。

（一）哲学社会工作者的信与懂

只有自己真信，才能说服别人。马克思主义不仅为哲学社会科学的不同领域提供世界观和方法论的指导，也应该是哲学社会工作者真正的信仰。随着国际学术的交往和西方各种学术思潮的影响，国内哲学社会科学界有人对马克思主义的指导地位认识逐渐模糊和动摇，甚至走向错误的认知。针对马克思主义认识的“过时论”“说教论”时有出现，即认为马克思主义已经“过时”，不再适宜用来指导当代的研究与实践；或认为马克思主义只是空洞的意识形态说教，并不像许多西方其他思潮一样具有学术性的外观。这些论调，不同程度地影响到少数人缺乏学习、研究马克思主义的决心和动力。

实现哲学社会工作者的信与懂，需要着重做到三个字：学、用、辨。

“学”即扎扎实实学习马克思主义经典著作，学习马克思主义中国化时代化全部成果，包括毛泽东思想、邓小平理论、“三个代表”重要思想、科学发展观、习近平新时代中国特色社会主义思想等。要研读马克思主义原典，领会马克思主义原典逐步实现中国化的过程，把握马克思主义中国化时代化的成果。只有充分学习，才能真正理解马克思主义，相信马克思主义，捍卫马克思主义。

“用”即要以马克思主义、马克思主义中国化时代化最新成果为指导，认识、分析、解决当代世界、当代中国的基本问题，认识、分析、解决哲学社会科学各学科的基本问题。只有真正使用马克思主义理论和马克思主义中国化时代化成果来参与实际研究和实践，才能真正掌握马克思主义一脉相承、与时俱进的理论品质。

“辨”即是对哲学社会科学各学科的各种流派和思潮要有科学的判断和清晰的认识。对国外的理论、概念、话语、方法，要有分析、有鉴别，适用的就拿来用，不适用的就不要生搬硬套。哲学社会科学要有批判精神，这是马克思主义最可贵的精神品质。这既是哲学社会科学工作者信与懂的体现，也是对马克思主义理论的生动应用。

总而言之，理论自觉和理论自信应该始终贯穿在哲学社会科学工作者的思想中。要坚持走中国自己的理论创新之路，用中国理论阐释中国实践，立足中国实践升华中国理论，用马克思主义中国化时代化的话语体系和理论体系解释、指导中国实践。在学术自信与理论自信的基础上，与西方学术话语平等对话，互相学习，真正实现马克思主义的指导地位。

（二）哲学社会科学的服务对象

马克思主义第一次站在人民的立场探求人类自由解放的道路，以科学的理论为最终建立一个没有压迫、没有剥削、人人平等、人人自由的理想社会指明了方向。马克思主义之所以具有跨越国度、跨越时代的影响力，就是因为它植根人民之中，指明了依靠人民推动历史前进的人间正道。马克思主义中国化时代化的全部过程，都是扎根于人民、为了人民、依靠人民，并得到人民群众的支持与拥护的。马克思主义是人民的理论，归根到底是为人类求解放。

任何民族、任何国家的哲学社会科学、哲学社会科学研究，都存在为谁服务的问题。“人民性”是马克思主义的理论品质，“以人民为中心”是社会主义文化强国的价值取向，“以人民为中心”的理论表述可以说是“人民性”。哲学社会科学的“人民性”问题，既是哲学社会科学的基本问题，又是哲学社会科学研究的根本性、原则性问题。新时代的哲学社会科学与哲学社会科学研究，都是为人民服务的。

哲学社会科学工作者的主张和研究思路，都深深地带着社会的烙印，伟大的研究都在回答和解决人和社会面临的重大问题，没有纯而又纯的哲学社会科学。因此，我国的哲学社会科学也是以“以人民为中心”为导向的，和我们党和国家的其他一切工作一样，出发点和落脚点都在实现好、维护好、发展好最广大人民的根本利益上。脱离人民，就会失去哲学社会科学的吸引力、感染力、影响力和生命力。

坚持这一点，需要真诚相信和坚持人民才是历史的创造者，坚定为人民做学问的立场，尊重人民的主体地位，关注和聚焦人民的各种创造和实践，把研究者个人的学术理想与国家和民族的发展紧紧联系起来。创造的哲学社会科学成果，要经得起实践检验，经得起人民检验，经得起历史检验。

（三）坚持以马克思主义为引领的措施

坚持以马克思主义为哲学社会科学之引领，要求当代中国哲学社会科学界在马克思主义指导下，结合中国历史经验与现实发展，结合中国特色社会主义建设中的各种理论与建设实践进行新的创造。为了保障引领，可以主动采取一系列措施。

第一，牢固树立“四个意识”。坚持正确政治方向，掌握意识形态主动权是对哲学社会科学的基本要求。需要牢固树立政治意识、大局意识、核心意识、看齐意识“四个意识”，在理论研究工作中始终坚持正确的政治方向，定期分析研判意识形态领域的新动向、新情况，确保哲学社会科学研究始终沿着正确方向发展，不变向、不偏差。

第二，强化问题意识。紧扣时代脉搏，把握发展大势，突出理论研究的针对性、实效性。要深入基层、深入实际，在火热的实践中发现与人民群众相关的问题，研究和解决经济社会发展和改革开放中的难点问题、党委政府决策需要解决的重点问题和群众关心反映强烈的热点问题。

第三，加大制度创新与成果转化力度。要从自身的能力和经济社会发展的需要出发，选择若干能形成自身特色的优长学科，重点建设、重点发展，集中精力研究和回答经济社会发展中的重大现实问题。进一步加大投入，创新机制，打造团队，激励科研人员多出成果、出好成果。通过采取改革课题经费资助、岗位竞聘等办法，调动研究人员的积极性、主动性、创造性。

第四，抓好学风建设。树立良好学术道德，强抓学风建设，把做人、做事、做学问统一起来，用良好的人才制度保障，鼓励哲学社会科学工作者自觉践行社会主义核心价值观，坚守家国情怀，担当时代责任。哲学社会科学工作者要做到方向明、主义真、学问高、德行正，自觉以回答中国之问、世界之问、人民之问、时代之问为学术己任，以彰显中国之路、中国之治、中国之理为思想追求，在研究解决事关党和国家全局性、根本性、关键性的重大问题上拿出真本事、取得好成果。

第二节 加快构建中国特色哲学社会科学三大体系建设

中国特色哲学社会科学三大体系指的是学科体系、学术体系和话语体系，其核心目标和根本任务是建构中国自主的知识体系。2022年4月，习近平总书记在中国人民大学考察时指出，加快构建中国特色哲学社会科学，归根结底是建构中国自主的知识体系。在《国家"十四五"时期哲学社会科学发展规划》中，对三大体系建设的具体目标进行了阐释。中国自主的知识体系，以及三大体系的同步推进加快构建，是建设学科布局优、学术根基牢、科研水平高、服务能力强、国际影响大的中国特色哲学社会科学，为全面建设社会主义现代化国家提供有力思想和智力支持的基础。

（一）中国自主知识体系建构

与科技领域一样，哲学社会科学领域同样存在"卡脖子"的问题，构建中国自主的哲学社会科学知识体系迫在眉睫。

第一，总结提炼中国经验。有生命力的哲学社会科学体系是时代精神的体现，从实践中来，并能用以指导实践。马克思主义之所以能够认识世界、改变世界，至今成为我国哲学社会科学的引领，就在于它透彻地分析了资本主义社会的基本矛盾，深刻地把握了资本主义发展规律、人类社会发展规律。中国的实践丰富了马克思主义理论，结出了马克思主义中国化时代化的丰硕成果。特别是中国改革开放的伟大实践，不仅使我国成为全球第二大经济体，近些年来对世界经济增长贡献率超过30%。2019年，人均国内生产总值突破10000美元大关，居民平均寿命达到77岁，2021年，彻底消灭绝对贫困，全面建成小康社会，更形成各领域、各学科可以提炼的中国经验，这是我们进行理论创造，最终实现学术繁荣的重要实践基础。

第二，建立学术自信。近代以来西方思想的引入，不仅带来马克思主义，还有各种西方的科学文化和政治制度的理论，也让我们经历了漫长的失败和试错过程。这些历史的教训告诫我们，文化的照搬和体制的移植对于半殖民地半封建的近代中国来说是不可能成功的。马克思主义传入中国后最大的不同，就是中国共产党人并非简单地“拿来主义”，而是从一开始就对其进行中国化的尝试，运用其基本原理解决中国实际问题，不断推进马克思主义中国化时代化。但在哲学社会科学领域，学术自信仍然不足，一些针对中国的学术描述都是来自西方学者，中国在世界上的形象某种程度上仍是“他塑”而非“自塑”，我们在国际上有时还处于有理说不出、说了传不开的境地。虽然一些中国学者逐渐产生国际影响，各学科都已经广泛建立国际学术网络，但政治性与学术性话语不同步，提炼出具有中国特色、世界影响的标识性学术概念不多，没有形成更多主体性、原创性、本土化和有竞争力的中国自主理论。这都需要进一步摆脱学徒思维，建立学术自信。

第三，传承发展中华优秀传统文化。中国自主的哲学社会科学知识体系的基础，一定是马克思主义基本原理同中华优秀传统文化相结合来构建的。延绵不断的中华优秀传统文化构成中国道路、中国理论、中国制度深厚的文化根基，为构建中国自主的哲学社会科学知识体系提供深沉的文化自信、丰厚的核心价值养分和厚重的软实力基础。

第四，承担负责任大国的国际责任。当今世界百年未有之大变局加速演进，我国日益走近世界舞台中央、不断为人类做出新的更大贡献，这要求中国特色哲学社会科学更具国际视野，从全球的视角来看中国，以中国为根据来看世界。中国特色社会主义建设实践，为发展中国家走向现代化探索出一条不同于西方经验的路径。中国哲学社会科学应该更好地总结这一经验，并与世界交流，贡献中国智慧。

（二）学科体系建设

学科是学术发展的组织依托和学术管理的基本单元。学科体系是由若干有内在关联的学科构成的知识体系，一般以国家和学术组织颁布的多层级学科目录为呈现方式，具有相对稳定性和动态调整性。学科体系的建立和变化，既基于知识单元的生成和变化，也离不开经济、教育等社会条件的影响。改革开放以来，我国哲学社会科学学科体系建设的现实，体现了中国自觉与国际主流研究规范的对接和中国现实议题的设置。

《国家“十四五”时期哲学社会科学发展规划》（以下简称《规划》）提到：在学科体系建设方面，要按照突出优势、拓展领域、补齐短板、完善体系的要求，促进基础学科健全扎实、重点学科优势突出、新兴学科和交叉学科创新发展、冷门学科代有传承，打造具有中国特色和普遍意义的学科体系；要优化学科设置和布局、巩固学科发展基础、提升学科发展质量、加快学科交叉融合创新、加强教材体系建设。

为实现这一目标，需要根植于中国博大精深的传统文化和改革开放40多年的伟大实践，注重从中国现实问题出发，继续提炼中国议题；进一步加强与国际主流研究学界的交流，不断完善学科规范性程度；发挥理论学科、学术期刊在学术体系建设中的积极作用。

（三）学术体系建设

学术体系是对学术研究领域、学术研究方法和学术研究成果进行理论化、系统化、学科化之后，形成的知识论、价值论、方法论体系。在三大体系中，学术体系既是连接学科体系、话语体系的中介和枢纽，又是支撑学科体系、话语体系的基础和内核。学术体系的发展状况，直接影响和决定着学科体系、话语体系的发展状况。《国家"十四五"时期哲学社会科学发展规划》提到：在学术体系建设方面，要深入实施哲学社会科学创新工程，增强我国哲学社会科学的主体性、原创性、本土化和竞争力，发展中国理论，繁荣中国学术；要创新学术理论体系、学术研究组织体系、学术平台支撑体系和学术评价考核体系。

为实现这一目标，首先应以重大学术问题为导向和以原创性学术研究成果为价值取向。学术体系建设，要将本土性和世界性相结合，着力解决建设水平总体不高，学术原创能力还不强的问题，建构的是中国特色的哲学社会科学学术体系。本土性需要我们始终立足中国国情，聚焦中国问题，并对全世界带来影响、贡献和引领。这就要求学术体系建设，是开放的、跨文化的、面向世界的创新性建设，意味着学术体系建设的内容、成果、目标、愿景应得到世界公认。

第二，应勇于打破哲学社会科学各学科边界，推进整体性建设。学术体系建设是以学科为平台的建设，体现各专业学科自身及其相互有机关联，是一个整体性概念。马克思主义学术体系的特征，是具有“总体性”特征。工业时代生产过程的专业化、精细化，使哲学社会科学学科和学术研究的分工越来越细，学科体系和学术体系的专业化程度也越来越高。而这一趋势随着信息时代的到来得以扭转，以交叉学科的方式呈现出各细分学科边界越发模糊、相互渗透甚至重新联合的趋势。基于中国特色社会主义的整体性逻辑和内在规律，哲学社会科学学术体系建设应顺势而为，可以持续推进。

第三，应遵循正确学术研究方法和优良学术生态。正确的学术研究方法，就是要充分发挥马克思主义方法论的指引作用，坚持辩证唯物主义和历史唯物主义方法，以及对社会有机体的整体性分析方法、理论与实际相结合的方法、历史与逻辑相统一的方法、从抽象到具体再从具体到抽象的方法、调查研究的方法、比较对照的方法等。“学术生态环境，是一个由学术制度、学术管理、学术评价、学术风气等组成的复合生态系统。优良的学术生态环境，由宽松而敬业的学术氛围、竞争而合作的学术态势、规范而有序的学术管理、高效而崭新的学术格局、科学而合理的学术评价指标体系、独立而诚信的学术人格等组成，是促进学术体系建设在学术民主、学术法治、学术伦理、学术人格、学术创新方面向着科学化、有序化、高效化发展的强大推动力量。”[①]

（四）话语体系建设

话语体系是中国特色哲学社会科学学术研究所能达到的思维能力、理论水准、精神品格，话语体系建设关涉到哲学社会科学社会功能的实现程度及其国际学术地位的轻重和学术影响力。相较于改革开放以来已经取得长足发展的学科体系与学术体系，话语体系远远落后于时代发展，在大部分学科中尚未完全建立。话语体系建设又是最为复杂和漫长的，需要学科体系建设和学术体系建设取得一定成绩之后，才能逐渐取得成效。《国家“十四五”时期哲学社会科学发展规划》提到，在话语体系建设方面，要坚持以中国传统、中国实践、中国问题作为学术话语建构的出发点和落脚点，加强话语体系建设和创新，提炼出具有中国特色、世界影响的标识性学术概念，将中国特色社会主义制度优势、发展优势、文化优势转化为理论和话语优势；要推进政治话语学理化、学术话语大众化、中国话语国际化，完善话语体系建设工作机制。

为实现这一目标，要做到以下几点。

① 方世南，《遵循学术规律，推进学术体系建设》，《中国社会科学报》2019年8月13日。

第一，应具有目的性追求。话语体系建设需要对自己的研究领域有用，有助于实现该学科的学科特性，实现其学科理论功能。不仅对中国有用，在世界范围内应有其理论价值；而且要能够对民生与社会的改善与进步有推进作用。

第二，应具有专业性追求。专业研究领域的人研究专业研究领域的内容，体现系统性。话语体系创新，通过专业化学术创新来实现，主要体现在术语创新的能力。

第三，应具有主体性追求。主体性包括对象主体性、个人主体性与社会主体性。对象主体性是哲学社会科学研究对象的客观社会内容与时代需求，也是话语建构主体对中国当下社会实践的学术回应。个人主体性指哲学社会科学研究者个体。社会主体性是哲学社会科学话语体系的意识形态属性，包括民族主体性和主义主体性。[①]

① 谭好哲，《新时代中国人文社会科学话语体系建设应有的三个追求——以文艺理论话语体系建构为例》，《山东社会科学》2019年第1期。

第三节 扎根学术研究推进中国特色新型智库建设

智库是发挥哲学社会科学在治国理政中重要作用的重要工具。它是党和政府科学民主决策的重要支撑，是国家治理体系和治理能力现代化的重要内容，是国家软实力的重要组成部分。党的十八届三中全会提出，加强中国特色新型智库建设，建立健全决策咨询制度的要求。十八届五中全会强调，实施哲学社会科学创新工程，建设中国特色新型智库。2015年11月，党中央通过国家高端智库建设试点工作方案，建立第一批高端智库。

习近平总书记多次对智库建设提出具体要求，要建设一批国家亟需、特色鲜明、制度创新、引领发展的高端智库，重点围绕国家重大战略需求开展前瞻性、针对性、储备性政策研究……智库建设要把重点放在提高研究质量、推动内容创新上。要加强决策部门同智库的信息共享和互动交流，把党政部门政策研究同智库对策研究紧密结合起来，引导和推动智库建设健康发展、更好发挥作用。

（一）基础理论研究与应用对策研究的关系

2020年《全球智库报告》收录1413家中国智库，数量位居世界第二，比2019年报告增加906家。排名第一的美国，有2203家之多。而在全球顶级智库百强榜单中，中国有8家智库上榜，最高排名仅为第18位。中国特色新型智库建设在短短几年之间取得很大发展，未来仍然需要加强重视。

智库研究需要处理好几对重要关系，其中最主要的是基础理论研究与应用对策研究的关系。基础理论研究为应用对策研究提供理论指导和学理支撑，保证对策研究的科学性；应用对策研究为基础理论研究，提供现实内容和实践动力。介于二者之间的，还有大量重要思想理论观点、重要战略要情与动向，需要进行动态跟踪研究。因此，基础理论研究与应用对策研究的关系不是简单的二元关系。作为中国特色新型智库，虽然以能够有效解决问题、提出可操作性具体建议的应用对策研究为主，但也不仅限于此，还需要研究、提出和跟踪具有创新性和启发性的思想理论。所以，需要从更广更宏观的意义上正确全面地认识什么是新型智库和高端智库、什么是决策参考信息。哲学社会科学学科门类广、理论研究深，他们的科研成果，无论是对策研究的成果还是基础研究的成果，只要有见解、有创新，经过适当的转化，就能够进入决策视野，成为有价值的决策参考信息。

除此以外，科学应用对策的提出，离不开深入、广泛的调查研究。高度重视调查研究，是我们党一以贯之的优良作风。从调研中发现问题、认识国情、总结规律，坚持“调研开路”，是贯穿革命、建设、改革全过程的根本方法，也是新时代治国理政的根本方法。在提出合理的政策建议之前，必须进行全面深入的调查研究，把实际情况搞明白，把问题本质理清楚，把解决问题的思路和对策讲透彻。

应用对策的提出，对人才要求很高。除了在智库专门从事应用对策研究的学者以外，从事基础理论研究的学者，也应站在党和人民事业的立场上，着眼于服务经济社会发展和民族振兴，将个人价值和履行社会责任结合起来，积极参与智库建设，从自己的学术领域出发，为国家智库报告和应用对策提供智力支持。

（二）加强智库的改革与创新

根据《国家“十四五”时期哲学社会科学发展规划》，未来中国特色新型智库建设，要着力于培养重要决策影响力、社会影响力、国际影响力，智库要为推动科学民主依法决策、推进国家治理体系和治理能力现代化、推动经济社会高质量发展、提升国家软实力提供支撑。这就需要通过多种手段加强智库的改革和创新。

加强智库建设的顶层设计。需要智库顺应新时代的要求，担当新使命，胸怀“国之大者”，围绕国之大局、国之大要、国之大事、国之大计，以党、国家和人民信得过、离不开、用得上的职责为己任来实现自我定位；立足中华民族伟大复兴战略全局和世界百年未有之大变局的国际视野，以习近平新时代中国特色社会主义思想为指导来分析问题；加强与不同国家智库的对话交流，积极参与全球治理，在国际舞台上传播中国声音、中国理论、中国思想，切实提升我国的文化软实力、国际影响力，为推动构建人类命运共同体做出积极贡献；持续创新智库建设机制，构建经费合理、资源共享、信息互通、人才共用、成果共推、协同发展的智库运行新机制，不断优化科研管理体制、改革成果评价机制，建立健全智库工作激励机制，搭建共享平台，打造知名品牌，不断提升智库的社会影响力。

推动智库成果落地见效。推动智库研究全面融入决策、服务决策，建立智库与相关领导和业务部门的通畅对接机制，推动智库建议批转后续的督导督办，建立智库成果使用反馈制度。智库平台需要优化，产品结构与类型需要丰富，加强智库的科学化布局、规范化建设与功能化配套，做强资政型产品，开拓评价型产品，重视平台型产品，充实推广型产品，开发国际型产品，厚积学术型产品。同时，加速智库的数字化转型，适应未来智能、精准的决策需要，引领智库服务走向价值链高端。[①]

（三）促进两大目标的有机结合

促进哲学社会科学创新同中国特色新型智库建设结合，“三大体系”建设任务同向党和国家咨政建言的结合，以及社会科学基础研究同政策对策研究的结合，是同时实现加快构建中国特色哲学社会科学和加强中国特色新型智库建设两大目标有机结合的保证[②]。

第一，坚持正确的政治方向与学术取向。新时代哲学社会科学坚持正确的政治方向和学术导向、科学的方法论和规范的研究方法、理论联系实际的优良学风，可以提高研究者对重大经济社会问题及其规律性的认识，确保政策建议的可靠性进而决策的科学性。需要始终坚持党的领导，坚持为人民做学问，自觉围绕中心、服务大局，坚守社会责任，致力于学术报国，坚决维护国家主权、安全、发展利益。坚持高标准定位，以增强研究能力为核心全面提升智库建设质量。把建设高水平应用研究人才队伍作为智库可持续发展的战略任务，建立相对稳定

---

① 周湘智，《未来智库建设的几个突破方向》，《中国社会科学报》2022年3月24日。

② 蔡昉，《以“5·17”讲话精神指导中国特色新型智库建设》，《中国社会科学报》2020年5月19日。

的核心研究团队，发挥好首席专家的领军作用。对建言献策成果与学术论文、专著实行等效评价，增强智库研究人员的荣誉感、责任感、获得感。优化智库发展环境，加强政策扶持、经费支持，打通体制机制堵点，推动形成符合中国特色新型智库发展规律、灵活高效的管理运行体制[①]。

第二，坚持问题导向。问题导向是理论创新的起点和动力之源，也是连接中国哲学社会科学与新型智库建设之间的重要纽带。理论创新不是凭空创新，也不是闭门造车，有价值的理论创新一定是在时代的呼唤得以呼应、重大时代课题得以深入研究之后得到的。这是一个需要理论而且一定能够产生理论的时代，这是一个需要思想而且一定能够产生思想的时代，中国特色社会主义进入新时代，面对百年未有之大变局，应对国内外的风险挑战，回答面临的一系列重大理论和实践问题，完成统筹推进“五位一体”总体布局和协调推进“四个全面”战略布局等一系列重大任务，都需要哲学社会科学工作者勇于担当，在理论与对策两个方面发挥作用。

第三，加强智库与社会层面的交流。问题的获取、深入调研的实效、同行的互通有无、决策的价值等各方面，都需要哲学社会科学和智库在社会层面展开广泛的交流。一个卓越的智库，不仅需要自身的强大研究实力，而且离不开一个适宜的社

① 王灵桂，《加强中国特色新型智库建设》，《人民日报》2021年5月18日。

会氛围的滋养。哲学社会科学的健康发展，同样如此。在数以千计的智库和研究机构之间、在智库与党政决策部门之间，同样需要加强信息共享和互动交流，党政部门的政策研究与智库部门的对策研究需要紧密合作。这种交流需要智库之外的机构、个人和社会对哲学社会科学的方法论、评价标准有基本的理解，也需要基础研究的机构和学者对对策研究有基本的认识，推动跨学科、跨部门的合作，发挥各自的优势，形成高质量的研究成果。

第六章 文/化/强/国

用心用情用力
讲好中国故事

一个民族的复兴需要强大的物质力量，也需要强大的精神力量。坚定中国特色社会主义道路自信、理论自信、制度自信，说到底是坚定文化自信。增强中华文明传播力影响力，深化文明交流互鉴，推动中华文化更好走向世界，是建设社会主义文化强国的重要内容。我们要坚守中华文化立场，提炼展示中华文明的精神标识和文化精髓，加快构建中国话语和中国叙事体系，讲好中国故事、传播好中国声音，展现可信、可爱、可敬的中国形象，深化文明交流互鉴，推动中华文化更好走向世界。

第一节 | 文艺创作心系民族复兴伟业

习近平总书记提出："社会主义核心价值观是当代中国精神的集中体现，是凝聚中国力量的思想道德基础。广大文艺工作者要把培育和弘扬社会主义核心价值观作为根本任务，坚定不移用中国人独特的思想、情感、审美去创作属于这个时代、又有鲜明中国风格的优秀作品。"对于广大文艺工作者而言，培育和弘扬社会主义核心价值观一方面是提振民族凝聚力、实现文艺培根塑魂的化育作用、培育文化自信的需要，另一方面是塑造提升新时代我国文化竞争力和文化形象、使西方社会了解中华文化和中华精神、实现中华民族伟大复兴中国梦的需要。[①]

（一）弘扬社会主义核心价值观

第一，文艺是弘扬社会主义核心价值观的有效载体。文艺

---

① 丁国旗，《新时代习近平对文艺工作者的新要求》，《社会科学辑刊》2021年第4期。

通过感人的故事情节、各种人物形象的塑造，将思想价值等精神层面的东西与故事发展、人物命运有机结合，能够在潜移默化中使读者欣赏作品的同时，接受作品所传递的社会主义核心价值观内容，这种“内化”方式易于为人所接受。这就要求文艺创作者不断提高自己的创作水平，尊重艺术规律，创作优秀作品。艺术的最高境界就是让人动心，让人们的灵魂经受洗礼，让人们发现自然的美、生活的美、心灵的美。通过丰富的文艺形式、艺术形象，告诉人们什么是有价值的，什么是无意义的，什么是真善美，什么是假恶丑，这是优秀的、高质量的文艺作品的优势所在，也是使命所在。[①]

第二，社会主义核心价值观是文艺作品的灵魂。社会主义核心价值观，从国家之德、社会之德、人之德三个方面为新时代民族精神塑造提供了方向。对社会主义核心价值观的弘扬，已成为新时代中国特色社会主义文化繁荣发展、实现中华民族伟大复兴的重要内容之一，是我国文化软实力的重要体现，是新时代广大文艺工作者的根本任务。社会主义核心价值观的提出，以及对广大文艺工作者在弘扬社会主义核心价值观方面的要求，有着很强的现实针对性。

① 丁国旗，《新时代习近平对文艺工作者的新要求》，《社会科学辑刊》2021年第4期。

（二）在历史积淀中阐释新时代话语

中华优秀传统文化及其丰厚的历史积淀，一直是我们文艺创作的重要灵感来源，讲好新时代的故事并不是弃之不用，而是要洞悉历史、扎根传统，坚守中华文化立场，体现中华文化精神。在此基础上，文艺创作者要立足新时代，扎根现实，用颇具时代特征的文艺作品来表现鲜活的时代精神。文艺作品要面向未来，对传统历史的回顾和当下现实的审视，最终都是为了未来的愿景和对理想的前瞻与思考。

当今世界百年未有之大变局加速演进，中国综合国力发展之快、对世界影响之大前所未有。中国正处于大踏步前进并在前进的过程中不断为世界文化文明做出重要贡献的伟大时代，忠实地记录这个时代、深刻地反映这个时代、艺术地表现这个时代，把改革创新、以人为本、和平发展、社会和谐、与时俱进等一系列时代精神描摹出来，让中国和世界人民都感受到、领悟到并从心底由衷地认同我们的时代，既是文艺创作者艺术生命的呈现，也是新时代文艺工作者人生价值的体现，更是时代赋予我们难得的艺术创新创造的机会。正如习近平总书记寄语广大文艺工作者，要“承担记录新时代、书写新时代、讴歌新时代的使命，勇于回答时代课题，从当代中国的伟大创造中发现创作的主题、捕捉创新的灵感，深刻反映我们这个时代的历史巨变，描绘我们这个时代的精神图谱，为时代画像、为时代立传、为时代明德”。

因此，文艺创作既要有生活的宽度，又要有历史的深度，还要有艺术把握生活的高度，这是文艺工作者作为时代风气的先觉者、先行者、先倡者的具体体现。“扎根人民、扎根生活”，为文艺创作者回归人民、回归生活提供了新的契机。恰如毛泽东当年批评的上海“亭子间写作”一样，文艺界中追逐金钱、个人化写作、历史虚无主义、远离人民生活的问题仍然不同程度地存在。“书房”写作、“宾馆”写作、“景区”写作曾是许多作家的创作“真经”，抒发一己之小悲欢成为少数作家写作的全部情感，这些都是成问题的。因此，“扎根人民、扎根生活”的提出，是针砭一段时间里文艺创作存在的各种问题与困境的一剂良药，它既是一种能力和本领，又是一种修养；既是创作者向人民学习、接受人民再教育、提升自己创作能力的必然过程，也是出精品、创经典、繁荣发展社会主义文艺文化的必然之路；是时代的需要，更是走向“德艺双馨”的必然之路。[①]

① 丁国旗，《新时代习近平对文艺工作者的新要求》，《社会科学辑刊》2021年第4期。

（三）扎根人民、扎根生活

“扎根人民、扎根生活”，是习近平总书记2014年在文艺工作座谈会上提出来的。“扎根人民、扎根生活”，是在深刻理解文艺源于人民、服务人民，以及文艺要弘扬社会主义核心价值观、出精品等前提下提出来的。只有在这些前提下来理解，才是有新意、合乎时代要求的，最根本、最关键、最牢靠的创作办法。

第一，“扎根人民、扎根生活”是马克思主义现实主义创作的基本要求。毛泽东《在延安文艺座谈会上的讲话》中提出，人民生活“是一切文学艺术的取之不尽、用之不竭的唯一的源泉”[①]。在这一原则指引下，广大文艺工作者奔赴抗战和生活第一线，同人民群众始终保持鱼水相依的亲密关系，创作出像《白毛女》《山乡巨变》等脍炙人口的作品，涌现了赵树理、柳青等一批与人民心心相连、受人民欢迎的优秀作家。

进入新时代，习近平总书记强调“人民是创作的源头活水”。对于作家艺术家而言，一是要把身子真正扎下去，而不能以“采风”“下乡”取代；二是要处理好文艺与人民、与生活、与时代的统一关系。此外，“扎根人民、扎根生活”还有其更深层次的

① 《毛泽东选集》第3卷，人民出版社，1991年，第860页。

含义，这就是“扎根人民”反映的是文艺工作者与人民的关系，所强调的是文艺创作者与人民血肉相连的情感纽系；而“扎根生活”体现出的则是文艺与现实的关系，所强调的是文艺工作者对于现实问题的关注，以及与时代发展命运的联系。这就在关注人民的前提之下，将更宽广的视角投注到整个社会的生活场景以及对社会发展的历史命运的理解之中。[①]

第二，提炼生活是艺术创作的基本能力。一定程度上讲，作品质量的高低是由创作者的艺术提炼功夫所决定的。提炼生活，首先要真正读懂生活，吃透生活、消化生活，不断提高对生活的阅读能力。只有扎根人民，扎根生活，阅读生活，读懂生活，文化文艺工作者才能跳出“身边的小小的悲欢”，走进实践深处，观照人民生活，表达人民心声，用心用情用力抒写人民、描绘人民、歌唱人民。在提炼生活过程中，还会遇到诸如创作素材选取、创作原则运用、艺术构思方法、人物形象塑造等问题，如何艺术地应对这些问题，也是创作者提炼生活能力的一种表现。

习近平总书记强调：应该用现实主义精神和浪漫主义情怀观照现实生活，用光明驱散黑暗，用美善战胜丑恶，让人们看到美好、看到希望、看到梦想就在前方。这既是现实生活多元

① 丁国旗，《新时代习近平对文艺工作者的新要求》，《社会科学辑刊》2021年第4期。

多面呈现本身的基本要求，又是社会主义文艺创作的必然追求，还是马克思主义文艺创作观的基本传统和特征。“现实主义精神”让我们扎根人民，深入现实，“浪漫主义情怀”让我们立足现实，提炼生活，弘扬真善美，传播正能量。[①]

① 丁国旗，《新时代习近平对文艺工作者的新要求》，《社会科学辑刊》2021年第4期。

第二节　坚守人民立场讲好中国故事

坚持“以人民为中心的创作导向”，是文艺工作的总原则、总方针，关系着文艺创作为了谁、要写谁、如何写以及文艺作品最终由谁来鉴赏、谁来评判等一系列重要的理论命题。文学艺术创造、哲学社会科学研究首先要搞清楚为谁创作、为谁立言的问题，这是一个根本问题。这个根本问题回到一切文艺创作的前提，是所有年代文艺创作者都需要有意识或者无意识回答的问题。马克思说过，一切精神文化产品只是而且应该是人民日常思想和感情的表达，“人民历来就是作家‘够资格’和‘不够资格’的唯一判断者”[①]。列宁则提出，无产阶级的文学“不是为饱食终日的贵妇人服务，不是为了百无聊赖、胖得发愁的‘一万个上层分子’服务，而是为千千万万劳动人民，为这些国家的精华、国家的力量、国家的未来服务”[②]。在1942年《在延安文艺座谈会上的讲话》中，毛泽东明确提出，当时延安文

① 《马克思恩格斯全集》第1卷，人民出版社，1956年，第90页。

② 《列宁全集》第12卷，人民出版社，1987年，第97页。

艺“问题的中心”基本上就是“为群众”和“如何为”的问题，提出文艺不是“为着剥削者压迫者的文艺”而是“为人民的”[①]。可以说，“为人民”构成马克思主义文艺观的永恒主题，更是新时代我国社会主义文艺的宗旨所在。

（一）“为人民服务”是文艺工作者的天职

习近平总书记指出，只有牢固树立马克思主义文艺观，真正做到了以人民为中心，文艺才能发挥最大正能量。以人民为中心，就是要把满足人民精神文化需求作为文艺和文艺工作的出发点和落脚点，把人民作为文艺表现的主体，把人民作为文艺审美的鉴赏家和评判者，把为人民服务作为文艺工作者的天职。也就是说，人民在文艺工作中具有表现、鉴赏和评判主体的地位，“为人民服务”对于创作者具有决定性意义。尤其是“把为人民服务作为文艺工作者的天职”，进一步明确了文艺工作者在新时代从事文艺工作的最高使命和基本职责。

把为人民服务作为文艺工作者的天职，是由文艺的性质和新时代文艺的使命任务决定的。文艺工作是培根铸魂的工作，文艺是时代前进的号角，最能代表一个时代的风貌，最能引领一个时代的风气，在很多时候，文艺比其他任何形式

---

① 《毛泽东选集》第3卷，人民出版社，1991年，第855页。

都更具有震撼人心、持之以恒的力量。抗战时期，一部《黄河大合唱》让每一位中华儿女热血沸腾，激起了黄河般百折不挠、同仇敌忾的战斗意志，所谓“一曲大合唱，可顶十万毛瑟枪”，这就是艺术的力量。在实现中华民族伟大复兴中国梦的征程中，通过文艺为时代画像、为时代立传、为时代明德，把中国精神、中国价值、中国力量阐释好、宣传好，为广大人民群众提供强大的精神激励，是所有文艺工作者神圣的职责和使命。

把为人民服务作为文艺工作者的天职，也是由文艺工作者的社会身份所决定的。所有的文艺工作者，都首先是一个社会工作者，作为世界上最大的社会主义国家，对人民负责，全心全意为人民服务，应该是文艺工作者自觉践行的行为准则和工作宗旨。①

（二）诚心诚意做人民的小学生

文艺创作的所有原料都来自人民，作为生活主角的人民最有资格、最应该成为文艺作品的主角，成为作品优劣高下最合格、最有能力的评判者。文艺要赢得人民认可，花拳绣腿不行，

① 丁国旗，《新时代习近平对文艺工作者的新要求》，《社会科学辑刊》2021年第4期。

投机取巧不行，沽名钓誉不行，自我炒作不行，“大花轿，人抬人”也不行。凡此种种，都是没有从心底认可人民、信奉人民的具体表现，是没有真正践行“以人民中心”的假动作，是内心虚空的表现。

人民创造历史，也是艺术形式的创造者。被认为是中国最早的诗歌作品《弹歌》——“断竹，续竹；飞土，逐宍”，就源自人民，是一首民间歌谣，是地地道道的人民创作。中国最早的诗歌总集《诗经》中的大部分作品的真正创作者，都是来自民间的一个个不知道姓名的劳动者，作品所描写的内容大都是当时广大劳动人民的日常生活——劳动与爱情、战争与徭役、压迫与反抗、风俗与婚姻、祭祖与宴会等生活场景。由人民创作、描写人民生活，是早期文艺也是后世文艺的重要特点。从诗歌到音乐、舞蹈、绘画、建筑等，莫不如此。

总之，广大文艺工作者必须与人民共命运、同呼吸，多向人民学习，多向人民请教，从更深的层面去认识文艺工作中人民的重要地位，诚心诚意做人民的小学生。文艺属于人民，离开人民文艺工作者将会一事无成。①

---

① 丁国旗，《新时代习近平对文艺工作者的新要求》，《社会科学辑刊》2021年第4期。

（三）热爱人民落实在文艺创作全过程

习近平总书记指出："热爱人民不是一句口号，要有深刻的理性认识和具体的实践行动。"这道出了"热爱人民"的本质内涵和外在表现。所谓"深刻的理性认识"就是要深深懂得人民是历史创造者的道理，从思想情感上认识人民，理解人民；所谓"具体的实践行动"就是要深入群众、扎根生活，把对人民的理性认识运用到实际行为当中。

作为人民群众中的一员，广大文艺工作者需要以高度的责任心和事业心，以更加锐利的目光、更加细致的情感、更加主动的态度来观察社会、了解时代，和人民群众交朋友，不断丰富自己对生活的理解和感受，进而提炼生活，写出真正打动人心的好作品。要像习近平总书记提到的作家柳青那样，"熟知乡亲们的喜怒哀乐，中央出台一项涉及农村农民的政策，他脑子里立即就能想象出农民群众是高兴还是不高兴"。这才是真正做到了和人民群众心连心，真正做到了身入、心入、情入，把热爱人民落实到文艺创作过程中。

案例　"一带一路"文化交流面对新世代

过去谈"一带一路"文化交流，交流对象都是抽象的，被国别、族别、语言等标签划归为一个个模糊的整体。随着交流的深入，这一群体画像进入统计视角，会按照年龄、职业进行简单的划界。但这些群体都是一个个鲜活的个体，他们在宏大的文化标签之下具有丰富的多样性特征，而且不会按所属的大文化背景一成不变地存在。只需要观察自己身边的文化消费活动就不难理解，我们面对的“一带一路”文化交流对象和自己一样，在随着时代和社会发展，呈现出不同的文化消费、审美、行为特征。如今，全球的文化消费都面对着一个主要的新消费群体，被称为“Z世代”的年青人，他们浸润在互联网文化和数字技术中，有着与传统文化消费者非常不同的行为方式。当我们讨论新时代的“一带一路”文化交流，必须考虑不同交流对象，即便面对同一文化背景，也要考虑Z世代的出现，带给我们制定文化交流策略时需要考虑的更多维度。

在美国作家库普兰1991年的小说《X世代：加速文化的故事》中，引入用X符号来指代美国1965—1980年之间出生的人所具有的未知行为特征。这种命名方式迅速流行起来，随后在欧美国家沿用了这种做法，出现了Y世代（1981—1995年生人），并以下一个15年为划分出现了Z世代（1995—2009年生人），总结Z世代作为“互联网原住民”，文化行为深受互联网、智能手机和平板电脑等影响。但这一概念毕竟是由社会发展节奏相对稳定的欧美国家定义的，年代划分也颇为机械，对于以中国为代表的发展中国家，并不具有足够的合理性，普遍的以“XX

后”来简单划分的人群，并不一定具有深刻的共性。在这里并不专门讨论Z世代概念本身，但由于在每个文化交流对象地区，都有各自对应的Z世代划分，尽管各有不同，但可以通过对中国Z世代文化消费的总结，形成关于新世代特征的基本印象。

社会学的一个重要观点，是每一代人都被其时代的重大历史事件所塑造，青春时期的集体记忆影响了个体的生命历程。从信息媒介、社会事件、成长周期三个维度，可以大致描摹中国新世代人群的特征：出生于1998—2014年，总人口2.8亿，占全国总人口18.1%，其中三分之一已经成年，超过54%为男性。这个世代的人群中，城镇人口占42.5%，多数集中在下沉市场，并将在未来10年成为我们社会的中坚力量。可以说，理解了这一群体，就基本把握住了未来10年文化消费的主要特征。

社交媒体是新世代人口主要的文化交流工具。互联网发展到新世代，作用从获取信息转向分享信息，社交媒体成为Z世代生命意义的重要的部分。由于算法的普及，信息交互变得更为垂直，形成各种小众圈层。相对应地，文化交流中对社交媒体的重视和应用是必要的，但以过去思路认为发布一个信息就必然会被看到的时代已经过去。

同时，在网络上的各种社交方式中，游戏社交成为新世代人口的重要社交方式，紧随异性社交，压倒了直播社交、影视社交、音乐社交、知识社交和运动社交。

从上网到活在网上。与早期互联网用户将移动互联网视为工具不同，新世代人口活在网上，线上娱乐时长比全网平均高出30%，相对应地，单纯的线下活动完全不能满足新世代的文化传播需要，与互联网的深度结合是大势所趋。

品牌意识与口碑意识增强。新世代人口的消费决策建立在充分透明的信息上，口碑推荐是重要的参考方式。他们希望了解自己所面对的品牌，希望参与品牌的建构，形成围绕品牌的身份认同。对于中国的新世代来说，“自信”是他们与父辈最大的不同，他们对中国人身份的理解也不相同，“文化复兴”是他们生活的应有之义，国家振兴带来的自豪感与年轻人天然的无畏相结合，将使他们助推中国文化品牌加速重构和传播。

第三节　倡导德艺双馨的时代精品力作

“德艺双馨”是习近平总书记在谈到文艺创作时总会提及的话题。在文艺工作座谈会上，习近平总书记认为，“繁荣文艺创作、推动文艺创新，必须有大批德艺双馨的文艺名家”。在中国文联十大、作协九大开幕式重要讲话中习近平总书记提到“广大文艺工作者要把崇德尚艺作为一生的功课，把为人、做事、从艺统一起来，加强思想积累、知识储备、艺术训练，提高学养、涵养、修养，努力追求真才学、好德行、高品位，做到德艺双馨”。以人民为中心、弘扬社会主义核心价值观是文艺工作者之“德”，扎根人民、扎根生活是文艺创作者之“才”与“艺”。德在于养，艺要去修，创作者要想达到“德艺双馨”，就要不断地在实践中磨砺、体悟、思考，要经历一个痛苦与超越的过程。

（一）戒浮戒躁是文艺创作者的本分

习近平总书记曾经提到，“浮躁”是很多艺术家对当前我国文艺最突出的问题的一致看法。在文艺创作方面存在的有数量缺质量、有“高原”缺“高峰”的现象，存在着抄袭模仿、千篇一律的问题，存在着机械化生产、快餐式消费的问题。

造成这种现象的原因，一是文艺在市场经济大潮中迷失方向，在为什么人的问题上发生偏差，另一个则是一些人觉得，为一部作品反复打磨，不能及时兑换成实用价值，或者说不能及时兑换成人民币，不值得，也不划算。文艺作品最终要由创作者来完成，创作者的德艺修养状况决定着文艺作品的水平和质量。习近平总书记指出，文艺是给人以价值引导、精神引领、审美启迪的，艺术家自身的思想水平、业务水平、道德水平是根本。文艺工作者要自觉坚守艺术理想，不断提高学养、涵养、修养，加强思想积累、知识储备、文化修养、艺术训练，努力做到“笼天地于形内，挫万物于笔端”。除了要有好的专业素养之外，还要有高尚的人格修为，有“铁肩担道义”的社会责任感。在发展社会主义市场经济条件下，还要处理好义利关系，认真严肃地考虑作品的社会效果，讲品位，重艺德，为历史存正气，为世人弘美德，为自身留清名，努力以高尚的职业操守、良好的社会形象、文质兼美的优秀作品赢得人民喜爱和欢迎。

（二）养德与修艺是文艺创作者的必修课

对于文艺工作者而言，个人修养包括德行修养与艺术素养两个方面。关于养德的问题，习近平总书记说过：道德之于个人、之于社会，都具有基础性意义，做人做事第一位的是崇德修身。这就是我们的用人标准为什么是德才兼备、以德为先，因为德是首要、是方向，一个人只有明大德、守公德、严私德，其才方能用得其所。修德，既要立意高远，又要立足平实。要立志报效祖国、服务人民，这是大德，养大德者方可成大业。

习近平总书记对于德艺双馨的呼唤与重视，与其对新时代文艺工作者所肩负的历史使命和时代任务的科学认知是分不开的："文化文艺工作者、哲学社会科学工作者都肩负着启迪思想、陶冶情操、温润心灵的重要职责，承担着以文化人、以文育人、以文培元的使命。大家社会影响力大，理应以高远志向、良好品德、高尚情操为社会作出表率。""新时代的文化文艺工作者、哲学社会科学工作者明大德、立大德，就要有信仰、有情怀、有担当，树立高远的理想追求和深沉的家国情怀，把个人的艺术追求、学术理想同国家前途、民族命运紧紧结合在一起，同人民福祉紧紧结合在一起，努力做对国家、对民族、对人民有贡献的艺术家和学问家。要坚守高尚职业道德，多下苦功、多练真功，做到勤业精业。要自觉践行社会主义核心价值观，在市场经济大潮面前自尊自重、自珍自爱，讲品位、讲格调、讲责任，抵制低俗庸俗媚俗。良好职业道德体现在执着坚守上，要有'望尽天涯路'的追求，耐得住'昨夜西风凋碧树'的清冷和'独上高楼'的寂寞，最后达到'蓦然回首，那人却在，灯火阑珊处’的领悟。”

（三）“德艺双馨”是时代的需要

“德艺双馨”一直都受到文艺管理部门和文艺工作者的重视。2012年和2014年，中国文联出台相关文件，提出“台上台下一样，人前人后一样。做社会主义核心价值观的坚定守护者，积极践行文艺界‘爱国、为民、崇德、尚艺’的核心价值观，坚决反对拜金主义、享乐主义、极端个人主义，坚决抵制‘黄、赌、毒、黑’等违法乱纪行为，修身律己、磨砺品行、德艺双馨、行为世范”等指导性规定。

“爱国、为民、崇德、尚艺”都是修养的表现，在今天已经成为广大文艺工作者的心声和共识。要处理好德与艺的辩证关系，要有“德艺双馨”的远大抱负，向大师看齐，对后世负责，要努力磨炼，要将对德与艺的追求体现在艺术创作中，表现在对生活的认识和体味中，对急功近利的贬斥中，体现在服务国家与人民的伟大事业中。

第七章 文/化/强/国

构建现代公共文化服务体系

发展公共文化服务，是保障人民文化权益、改善人民生活品质、补齐文化发展短板的重要途径，是提升国家文化综合实力、弘扬社会主义核心价值观的重要内容。构建现代公共文化服务体系，必须坚持文化发展为了人民、文化发展依靠人民、文化发展成果由人民共享。我们要把实现好、维护好、发展好人民文化权益作为出发点和落脚点。以推进城乡公共文化服务体系一体建设为抓手，着力提高公共文化服务覆盖面和实效性，在补短板、强弱项、固底板、扬优势上下功夫，统筹推进公共文化服务均衡发展，使人民文化权益得到更充分、更切实的保障。

第一节 | 保障人民群众基本文化权益

公共文化服务体系的建设，是人民群众基本文化权益的重要保障，是提升人民群众文化获得感、幸福感的重要尺度，是实现共同富裕的文化基础和人民美好生活的精神基石。其中最为基础的，就是现代公共文化服务体系的建设，要尊重、保护和促进人民群众的基本文化权益的保障。近几年来，国家陆续出台《中华人民共和国公共文化服务保障法》《中华人民共和国公共图书馆法》等着眼于基本文化权益保障的专门立法。从过去近20年的实践来看，这项工作仍然任重道远，社会力量参与公共文化服务工作尚未完全建立起有效的合作平台、成熟的参与模式和完善的扶持激励及管理手段，文化专项转移支付和文化供给侧投入仍存在低效问题，公共文化需求的表达尚不充分等。

（一）以人民为中心的指向性

公共文化服务体系建设的根本特征是人民性，即以人民为中心，以人民群众的精神文化需求为根本，以人民群众共建共享作为公共文化服务体系建设的根本指向和出发点。

为了保障人民群众基本文化权益，需要坚持党对公共文化工作的领导，牢牢把握社会主义先进文化前进方向，紧紧围绕举旗帜、聚民心、育新人、兴文化、展形象的使命任务，以社会主义核心价值观为引领，促进满足人民文化需求和增强人民精神力量相统一，让人民享有更加充实、更为丰富、更高质量的精神文化生活。文化的发展是为了人民，依靠人民，由人民共享。

公共文化服务的性质决定其公共性、公平性和公民性，它由政府主导提供，要基于全体成员的共同利益，只有充分发挥其在文化空间中的拓展作用，让人民群众以共建共享的方式参与其中，普遍实现公共文化权益，才能获得健康的发展，人民才能享受持久、丰富、有效的精神文化生活，获得社会效益的最大化。这种人民性，一方面，无差别，不管是在农村还是城市，不管在哪个地区，不管人民群众是什么年龄什么职业什么性别，都普遍享有公共文化权益。另一方面，这种普遍享有并非“一刀切”，而是多方面、多层次和多样化的。

人民群众的文化需求是一种基本需要，基本文化权益和生命权、发展权、经济权、社会权同等重要，是人权的组成部分。对于基本文化权益的满足，需要以人民为中心。看电视、听广播、读书看报、公共文化鉴赏和大众文化活动等方面的文化需求，就是人民群众最基本、最强烈的文化需求，是由政府来承担实现的服务职责之一。这种基本文化权益是一种补救性措施，用以弥补因为经济条件差异带来的文化生存与发展的不对等。

所以，基本文化权益保障是政府通过公共文化服务政策的出台和落实来调节社会文化资源的供给，为老百姓提供文化保障，让老百姓获得平等的文化权益。这种有效性的达成，要切实坚持以人民为中心，实现公共文化服务供给侧结构性改革，以人民群众的需求为导向。同时，把公共文化服务效能的评价交给人民群众，保证人民文化权益的获得感，保证公共文化服务体系的公共性和公益性得到真正实现，促进社会公平。

（二）基本文化权益的主要内容

我国人民群众的基本文化权益从根本上说，就是人民群众享受文化产品、接受文化服务，参与文化产品与服务的创造、生产、传播与获取并且从中获得收益的权利，至少包括平等参与文化活动的权利、平等享受文化成果的权利、文化成果收益得到平等保护的权利、平等接受基本文化教育的权利、平等表达文化需求的权利、平等参与文化事务管理的权利等。

这些权利还可以细分，如平等参与文化活动的权利，包括人民群众参与组织文化活动的权利和参加文化活动内容的权利，因此他们既在文化活动中体验活动带来的愉悦，又在文化活动中自我组织、自我管理、自我发展。对这一基本权益的保障，不仅是提供现成的文化活动供人民群众参与，而且提供给他们自我组织的机会来举办他们喜欢的合法文化活动。平等享受文化成果，包括使用公共文化设施的权利和公共文化产品的权利。国家已经通过提供公共阅读、公共视听服务、公共数字文化服务和公共文艺鉴赏服务，以及其他流动文化服务来实现。人民群众平等共享的文化成果收益，分为人民群众本人创造的文化成果和前人传承下来的物质和非物质文化遗产。这些权益的实现，需要国家建立健全相关保护法规，并在社会上倡导对文化成果保护的意识。

“十四五”时期，国家公共文化服务体系建设的发展目标基本上是在满足基本公共文化权益基础上的进一步提升。表现在公共文化服务布局更加均衡，缩小城乡差距；公共文化服务水平显著提高；公共文化服务供给方式更加多元，表现在政府主导、社会力量广泛参与的公共文化服务供给机制更加成熟，来自基层群众的文化创造更加活跃，政府、市场和社会共同参与公共文化服务体系建设的格局更加健全；公共文化数字化、网络化、智能化发展取得新突破，表现在公共数字文化资源更加丰富，国家公共文化云等平台互联互通体系更加完善，智慧图书馆体系建设取得明显进展，公共文化数字服务更加便捷、应用场景更加丰富。

可见，虽然人民群众的基本文化权益涉及的领域并未变化，但随着社会经济的发展和技术进步，相关媒介和获取、消费方式已经与过去相比发生重大变化。对于基本文化权益的认识，对于保障基本文化权益的各项措施，都应该与时俱进，真正把群众的文化需求满足好。

（三）加强基本文化权益保障的主要措施

人民群众基本文化权益的保障是一个长期的过程。基本文化权益的保障效果与经济基础、管理能力、社会受教育程度、舆论准备等各方面都紧密联系。根据文化和旅游部2021年印发的《“十四五”公共文化服务体系建设规划》的统筹规划，“十四五”时期国家要采取各种措施切实保障人民群众的基本文化权益。

“十四五”时期，国家推出了城乡文化惠民工程，用一系列的项目来创新基本文化权益保障措施。例如，中国民间文化艺术之乡项目，作为乡村公共文化服务创新发展和乡村优秀传统文化保护及传承的重要抓手，创新提出“一乡”“一品”“一艺”“一店”“一景”的模式；戏曲进乡村项目，通过政府购买服务的方式满足基层群众看戏的基本需求；民族民俗文化旅游示范区项目，帮助基层群众将传承的文化遗产和非物质文化遗产变成实实在在的收益；乡村网红培育计划，依托已有的各级文化馆（站），将传统公共文化媒介升级到百姓喜闻乐见的移动互联网上，既是对已有文化遗产的收益转化，也引领乡风文明建设。

在设施与服务方面，有两个重点领域：一个是图书馆，一个是文化馆，颇具新时代代表性。公共图书馆从最常见的固定机构向“以人为中心”转型升级，从单纯的图书储存和借阅场所转向融入人民群众日常生活的高品质文化空间、有温度的文化社交中心。基于这样的机构，广泛开展全民阅读活动，树立“大阅读”“悦读”等现代理念，培育一批具有时代感的城乡阅读品牌，丰富亲子阅读，从青少年入手培养全民的阅读习惯。加强与出版社、品牌书店、上网服务场所和互联网平台合作，开展在线阅读推广。针对传统文化遗产，与过去相比，加强古籍保护数字化建设，通过中华古籍影像数据库、全文数据库、大数据平台等项目来便捷使用和推动开放共享，进而让书写在古籍里的文字活起来，融入当代生活。

文化馆则成为群众文艺繁荣的主要载体，依托这些固定设施和相关延伸机构，广泛开展群众文艺创作活动，给人民群众提供大众文化活动的各种接口。文化馆要扎根时代生活，遵循美育特点，坚持以群众基本文化艺术需求为导向，结合当地民情、民风和民俗，深入开展全民艺术普及工作，推进全民艺术知识普及、欣赏普及、技能普及和文化普及，把各级文化馆（站）作为城乡居民的终身美育学校。同时，依托国家公共文化云平台来建立艺术普及云，实现全民艺术普及的线上线下联动。

第二节 | 提高公共文化服务水平

在我国经济社会发展跨入高质量发展阶段，公共文化服务体系不再只满足最基本的文化需求，而是随着人民群众日益提升的对文化品质的追求，公共文化服务体系也在不断升级。其中，公共文化服务水平的提升具有标志性意义。在“十四五”时期，公共文化服务水平显著提高的主要目标设置为：城乡公共文化服务供给能力进一步增强，基本公共文化服务水平与经济社会发展水平同步提升，公共文化服务质量明显改善，公共文化服务知晓度、参与度、满意度不断提高。

（一）增强公共文化服务实效性

实效性是公共文化服务对效果的追求，指的是公共文化服务体系的各项设施、措施和活动落到实处，产生应有的效果。增强公共文化服务实效性，需要从供给、需求、模式各端综合采取措施。

从供给端来考虑，增强公共文化服务实效性需要提高公共文化服务供给能力。2012年以来，国家已经出台公共图书馆、文化馆（站）和美术馆的免费开放政策，经过10多年发展，已经进入追求实效性的阶段，即进一步完善免费开放的信息公开、监督评价和绩效管理等机制，做好延时、错峰和流动服务，提升公共安全应急管理能力，在做好基本公共文化基础上，兼顾特色化、多元化和个性化非基本公共文化服务，实现优惠有标准、质量有保障、内容有监管。在社会效益放在首位的前提下，鼓励优秀文创产品的开发、交流、展示与合作。做好公共文化服务宣传，提高群众的知晓率、参与率与满意度。

从需求端来考虑，增强公共文化服务实效性需要精准对接群众文化需求。要从“我有什么”的思维转变为服务性的“你需要什么”，注重需求侧管理。推动建立集需求采集、采购配送、监督管理、反馈互动等于一体的公共文化产品与服务平台，增加网上一键式便捷预约预订服务。针对不同地域不同群体文化需求，统筹做好老年、残障等特殊群体公共文化服务供给。充分利用新媒体建立用户黏性，激发人民群众参与热情。

从模式端来考虑，增强公共文化服务实效性需要积极推动公共文化服务融合发展，推动融合创新，进一步优化公共文化服务发展生态。融合创新有五个主要路径：推动公共图书馆、文化馆、博物馆、美术馆等公共文化机构各自发挥优势形成发展合力；推动文化和旅游融合发展，尤其是文化和旅游公共服务机构功能融合；探索公共文化服务和教育融合，尤其是与中小学的双向融合机制；加强公共文化服务与农业、卫生、科普、民政等领域惠民项目融合发展；深入推进公共文化服务领域军民融合工作。

（二）推动公共文化服务社会化发展

公共文化服务虽然是基于社会公平，以人民为中心，由政府主导的，但完善公共文化服务的立体框架，由政府统筹，吸引社会力量广泛积极参与，是公共文化服务体系服务高水平的体现，也是社会相关公共事业成熟的标志之一。推动公共文化服务社会化发展，可以从政府购买、社会力量参与和志愿服务水平三个角度来发力。

深入推进政府购买公共文化服务。需要搭建能够提供公共文化服务供需信息和交易线上线下平台以打通供需信息；完善事前、事中和事后监管体系，加强相关监管；引入第三方评价机构参与服务质量评估，健全评价约束机制，提升社会化承接组织服务能力。

创新社会力量参与公共文化服务。引入社会力量的目的，是要补足基层公共文化服务体系内人员、管理不足的情况。社会力量的参与可以是符合条件的企业或者社会组织通过服务外包、项目授权、财政补贴等方式来运行。上级文化和旅游行政部门，对此承担政治导向审核和质量监管的责任。

提升文化和旅游志愿服务水平。文化与旅游志愿服务是公共文化服务体系中的重要组成部分，是各类文化机构、文艺院团、旅游景区、社会团体和个人以志愿服务的形式参与的公共文化服务工作，作为体系的补足，主要服务于城乡基层、民族地区和老年人、未成年人、残疾人等特殊群体。主要工作内容包括：以阵地服务为抓手，推动已有公共文化设施的实效性发挥；以“春雨工程”、志愿服务团队等形式，推动优质文化和旅游资源向边疆民族地区倾斜；根据特殊群体不同的需求，开展文化志愿服务关爱行动；常态化或因地制宜开展文明旅游志愿服务，推动旅游志愿服务高质量发展；通过文化指导员制度、“新时代文明实践志愿服务项目孵化基地”“互联网+”等活动和项目，广泛发动社会力量参与文化和旅游志愿服务。

（三）推动公共文化服务数字化、网络化、智能化建设

数字化、网络化和智能化，是新时代随着技术进步出现的新的文化媒介和工具，提升公共文化服务水平的要义之一，就是要及时顺应这些社会变化，及时更新技术手段。

数字化针对的是文化内容资源，推动公共文化服务数字化就是要加强数字文化内容资源和管理服务大数据资源建设。在原有线下资源基础上，为全民阅读和全民艺术普及等项目建立

数字资源库和资源库矩阵，持续推动公共文化机构数字资源建设。为地方文化发展服务，加强地方特色数字资源建设，以数字化、影像化等现代信息技术，以移动互联网和新媒体思维，建设具有鲜明地方特色和较高历史、人文、科学价值，展示中国文化，讲述中国故事的数字资源，弘扬中华优秀传统文化，促进其创造性转化和创新性发展。推动将相关文化大数据资源纳入国家文化大数据体系建设。

网络化针对的是服务供求平台，推动公共文化服务网络化就是要加快公共文化网络平台建设。平台建设包括平台自身建设和平台间互联互通两个维度的含义。平台自身建设包括智慧图书馆统一平台、国家公共文化云平台等，在地方层面鼓励各地按照统一标准和规范，因地制宜建设本地文化云平台。平台间互联互通包含多层含义，但都是为了给人民群众提供“一体化”的便捷使用体验，既包括前述各级、各类文化云平台之间互联互通，又包括公共文化平台与政务服务平台、城市民生服务平台的互联互通，公共文化云平台与社会网络平台的合作共享、互联互通等。

智能化针对的是服务应用场景，推动公共文化服务智能化就是要拓展公共文化服务智慧应用场景。首先是依托云计算、大数据、人工智能、区块链等新一代信息技术，对原有公共文化基础设施进行智能化升级，推动公共图书馆、文化馆（站）实现包括智慧服务、智慧分析、智慧评估和辅助决策等功能在内的智慧化运营，优化数据反馈模式。智能化还有助于解决精准满足人民群众公共文化需求，通过用户画像和知识图谱，为差异化服务提供数据支持。智能化还包括文化新业态应用场景，实现“沉浸式”“互动式”传播和体验服务。

第三节 推进城乡公共文化服务体系建设

“十三五”时期，通过的《中华人民共和国公共文化服务保障法》等公共文化服务标准制度，是我国公共文化服务标准化、均等化法治建设方面取得的重要突破。在实践中，通过多种举措和国家、各级政府的不懈努力，全国乡村两级公共文化基础设施已经完成全覆盖，贫困、边远地区配备流动服务车，农村自发的文化活动蓬勃发展，甚至借助互联网、短视频在城市产生影响。不过，整体上公共文化服务城乡发展不平衡依然是短板，亟须持续大力推进城乡公共文化服务体系一体建设。“十四五”时期，发展公共文化服务体系的一个目标是公共文化服务布局更加均衡，表现为城乡公共文化服务体系一体建设取得重大突破，城乡协同发展机制逐步健全，城乡公共文化服务差距进一步缩小，公共文化服务在保障人民基本文化权益、促进城乡经济社会发展中的重要作用更加凸显。

（一）城乡公共文化服务的标准化和协同发展机制

2021年国家出台了整体性的《国家基本公共服务标准（2021年版）》，在这一文件中，公共文化服务实施标准被写入第九章“文体服务保障”的内容中，有了相关的标准化依据。但这套基于公共文化设施免费开放、送戏曲下乡、收听广播、观看电视、观赏电影、读书看报、少数民族文化服务等7项主要标准仍然宏观。要全面落实国家基本公共服务的这一标准，需要进一步明确现阶段基本公共文化服务的服务项目、服务类别、服务对象、质量标准、支出责任等事项，提炼出公共文化服务的核心指标，适应高质量发展的要求，坚持尽力而为、量力而行，推动进一步完善和提升省、市、县三级公共文化服务实施标准（服务目录），确保内容无缺项、人群全覆盖、标准不攀高、财力有保障、服务可持续。

从标准化的角度来讲，需要进一步完善公共图书馆、文化馆（站）和基层综合性文化服务中心等公共文化机构建设、管理、服务和评价标准规范，健全城乡公共文化服务标准体系。强化标准实施，开展标准实施情况监督检查和评估，提升公共文化服务质量。建立标准动态调整机制，根据标准实施效果、经济社会发展状况和人民群众精神文化需求等因素，适时调整相关标准。

城乡公共文化服务的协同发展机制，则是全方位的综合协调发展。针对已经全面覆盖的公共文化服务设施，尤其是图书馆和文化馆（站），可以作为依托，通过建立分支机构，或者出面统筹协调、组织指导，来协同城乡公共文化服务的发展。尤其是县一级的图书馆和文化馆，以及具备条件的乡镇综合文化站、村级综合性文化服务中心和社会性文化机构等，都是这一体系内可以直接协同城乡发展的主力。另一种协同发展机制是直接的城乡“结对子、种文化”，将城市对农村文化建设的对口帮扶，变成常态化工作机制。通过一系列具体项目，如文化惠民工程、流动舞台车、流动图书车、文艺小分队、“戏曲进乡村”、城乡示范性文化和旅游志愿服务活动等，引导优质文化资源和文化服务更多地向农村倾斜，把慰问演出、文艺辅导、展览讲座等文化活动内容送到百姓身边，促进城乡志愿服务人员的交流互动和共同提升。

（二）以文化繁荣发展助力乡村振兴

乡村是传统文化的源生地，也是多样性的传统文化的保存、涵养、传承地。在《“十四五”公共文化服务体系建设规划》等重要政策文件中，已经提到健全乡村公共文化服务体系对于全面落实乡村振兴战略具有重要意义。乡村振兴的目的不仅要提高乡村人民生活质量，而且要强调历史文化认同、情感归属等文化建设，塑造乡村文明新风尚，丰富乡村精神文化生活，带动乡村美学普及和教育，提升农民文化素养等。文化繁荣对助推乡村振兴具有重大实践意义与价值，同样，乡村文化建设融入城乡公共文化服务体系、城乡经济社会发展全局，服务于乡村治理体系，也是新时代公共文化服务高质量发展的重要任务之一。

全面落实乡村振兴战略，公共文化服务按照有标准、有网络、有内容、有人才的要求健全发展。乡村振兴不是一蹴而就的短平快事业，需要持之以恒地投入、耕耘，尤其是文化领域，需要长时间的培育、积累和沉淀。以文化繁荣助力乡村振兴，从措施上可以从机制、硬件、软件三个角度展开。

从机制发展角度，充分发挥县乡村公共文化设施、资源、组织体系等方面的优势，强化文明实践功能，推动与新时代文明实践中心融合发展。深入开展乡镇综合文化站专项治理，完善效能建设长效机制。提升基层综合性文化服务中心功能。加强“中国民间文化艺术之乡”建设管理，开展“艺术乡村”建设试点，使艺术融入乡土，提升乡村文化建设品质。

从硬件发展角度，因地制宜建设文化礼堂、文化广场、乡村戏台、非遗传习场所等主题功能空间，为机制保障和软件发展提供物理空间。

从软件发展角度，保护利用乡村传统文化，盘活乡村文化资源，重塑乡村文化生态。鼓励开展乡村节日民俗活动，举办

“村晚”等群众广泛参与的文化活动。紧密结合美丽乡村建设，培育乡村网红，开展民族民俗文化旅游示范区建设试点，规划打造一批兼具教育性、艺术性、体验性的乡村旅游线路，推进乡村文化和旅游融合发展。

（三）创新培育城市公共文化空间

城市公共文化空间是承载、呈现和提供公共文化形态及内容的公共空间和文化场所，不仅包括物理空间，而且包括其中的人和人的活动。公共文化空间是与私人空间相对应的概念，既包括前文反复提到的由政府拨款建立，文化部门或行政机构具体管理的公共图书馆、文化馆（站）、博物馆、美术馆，以及城市里常见的广场、公园等公益性文化场所，又包括其他文化空间和专业艺术场馆，如影剧院、书店、画廊、咖啡馆等。

城市公共文化空间的培育，重点在规划，需要从三个方面着力。

在城市化不断发展的当代中国，以人民为中心的城市文化治理是社会主义文化强国建设的内在要求。坚持“人民城市”建设理念，提升城市文化治理能力，努力形成优质均衡、便捷高效的公共文化设施网络，创新拓展公共空间，营造良好的城市人文环境。

从城市规划角度来说，推动将公共文化设施建设纳入城市建设总体规划，围绕城市发展战略定位，根据人口分布等因素，科学规划空间格局，提升覆盖能力。规划内容需要兼顾效率与公平，回归公共文化设施必须以不断满足人民群众基本文化需求的初心，根据实际适当向城乡接合部和远郊区县倾斜，补齐薄弱地区建设短板。落实新建改建扩建居民住宅区配套建设公共文化设施要求，编实织密基层公共文化设施网络。

从城市更新角度来说，城市公共文化空间建设是重新整理城市“肌理”，将城市回归以人为本，满足城市居民不断提高的文化品质需求的机会。加快推动社区文化“嵌入式”服务，将文化创意融入社区生活场景。推动将社区文化设施建设纳入城市更新计划，鼓励社会力量参与，结合老旧小区、老旧厂区、城中村等改造，创新打造一批具有鲜明特色和人文品质的新型公共文化空间。

（四）推进公共文化服务区域均衡发展

公共文化服务区域均衡发展是体现社会公平的重要原则，是社会主义文化强国战略对公共文化服务体系建设的基本要求，也是国家“十四五”时期实现普惠性、互惠性、公平性和高质量的文化发展区域格局的前提。我国文化发展的现实不仅存在着城乡差别，而且是存在由于经济发展的区域不平衡带来的文化发展、公共文化服务体系的区域不平衡。

为补齐这一短板，在《“十四五”公共文化服务体系建设规划》等重要政策文件中明确提出了推进公共文化服务区域均衡发展的措施，体现出几个基本原则。

第一，积极发挥国家重大发展战略引领作用。推动将公共文化服务体系建设纳入京津冀协同发展、长江经济带发展、粤港澳大湾区建设、长三角一体化、黄河流域生态保护和高质量发展、成渝地区双城经济圈等国家发展战略。鼓励相关地区充分发挥国家文化创新引擎作用，建立常态化工作机制，在推动公共文化服务高质量一体化等方面先行先试，率先突破。根据区域发展实际，探索通过组建公共文化机构联盟，共同举办品牌文化活动，共同推出以居民身份证、社保卡等为载体的“惠民一卡通”等方式，在公共文化资源、活动、服务、管理等多个方面实现共建共享，完善区域公共文化资源配置格局，实现供给能力和供给质量全面提升。加强对雄安新区文化改革创新的支持力度，推动国家图书馆在新区设立分馆。

第二，健全区域协调发展体制机制，在形成西部大开发新格局、东北振兴、中部崛起和东部地区加快现代化过程中，确保公共文化服务体系建设同步推进。坚持和完善东西部协作和对口支援机制，常态化开展文化帮扶工作，更好促进发达地区和欠发达地区、东中西部地区协同发展。在基础设施建设、运营管理、专项资金、人才技术等方面，支持革命老区、民族地区、边疆地区、脱贫地区公共文化服务体系建设。

第三，因地制宜，不搞“一刀切”。坚持“一县一策”，推动中西部欠发达地区公共文化设施查漏补缺，进一步完善设施网络，鼓励和支持有条件的地方推动公共文化设施提档升级。以铸牢中华民族共同体意识为宗旨，以培育“五个认同”为目标，着眼于少数民族文化的创新发展，在民族地区加强国家通用语言文字和民族语言文字“双语”文化产品和服务供给，鼓励和扶持民族文化产品创作生产。

第四，注重调动激发基层内生动力。进一步完善示范和试点机制，调动和激励基层的首创精神，引导形成基层公共文化服务创新的新格局新风尚。加强国家公共文化服务体系示范区（项目）后续建设和管理工作，推动示范区（项目）创新发展，率先建成为全国公共文化服务高质量发展先行区、样板区。支持地方政府结合实际开展示范县区、镇街创建等活动，打造具有地方特色的公共文化服务示范机制。对重要的改革和制度设计，坚持试点先行，灵活设置试点范围和试点层级，完善试点成果评估反馈机制，有序将基层创新成果和经验向专项政策和行业标准转化。鼓励以县区为重点，集成整合全域公共文化服务资源，打造多样化的区域公共文化服务体系创新模式。遴选和表彰基层公共文化服务创新案例，搭建公共文化服务合作交流平台，建立优秀案例发布和推广机制，逐步放大基层公共文化服务的创新价值。

第八章 文 / 化 / 强 / 国

推动文化产业高质量发展

文化建设是培根铸魂、凝神聚力的重要事业。推动文化产业高质量发展，是不断满足人民精神文化生活新期待的重要途径，对于提高国家文化软实力、建设社会主义文化强国具有重要意义。中国共产党一贯高度重视文化建设，结合时代变化和实践发展，与时俱进提出文化纲领、文化目标、文化政策，引领文化建设不断取得新成就。谋划“十四五”时期发展，要高度重视发展文化产业，推动文化产业高质量发展，健全现代文化产业体系和市场体系，推动各类文化市场主体发展壮大，培育新型文化业态和文化消费模式，以高质量文化供给增强人们的文化获得感、幸福感。

第一节 | 深化供给侧结构性改革

推进供给侧结构性改革，是以习近平同志为核心的党中央科学把握发展规律，深刻洞察国际国内形势变化，旨在解决我国现阶段经济运行突出矛盾和问题、推动经济社会持续健康发展，作出的具有开创性、全局性、长远性的重大决策部署，是习近平新时代中国特色社会主义思想的重要理论创新成果。作为“十四五”时期我国经济社会发展的主线，深化供给侧结构性改革是文化产业结构升级的重要引导。文化产业高质量发展，需要供给侧结构性改革来突破要素制约和市场局限。

供给侧结构性改革是基于马克思主义社会再生产理论，对马克思主义政治经济学的创新发展，与西方经济学中的供给学派有本质区别。改革强调供给的最终目的仍是不断满足广大人民群众日益增长、不断升级和个性化的需求，通过提高供给的质量和效率，既突出发展社会生产力又注重完善生产关系，既发挥市场在资源配置中的决定性作用又更好发挥政府作用。高质量的文化供给，还能够在满足多种需求基础上，增强民众的文化获得感、幸福感和文化自信，弘扬中华优秀传统文化和社会主义先进文化，助力培育和践行社会主义核心价值观，推动中华优秀传统文化的创造性转化和创新性发展。

（一）文化产业供给侧和需求侧的双向驱动

文化产业较之一般的经济活动有文化的特殊性，与公共文化服务相比又具有一定的产业属性，同时文化产业对社会效益和经济效益都有所追求，尽管以社会效益优先，也不能放弃对经济效益的追求。这就意味着文化产业对文化消费的市场和需求始终存在着价值要求，在建设社会主义文化强国时期，尤其是“十四五”期间文化产业的结构升级，需要同时关注需求侧和供给侧的双向驱动。

从需求侧来分析，文化消费是人类满足精神需求的消费内容，随着消费者的经济收入、受教育程度和审美意旨的提升，文化消费的需求也不断提升，从而反过来促进了文化生产的进步和提升。与文化消费直接相关的要素，包括收入水平、时间成本和审美偏好。

文化消费不同于生存性消费，是在经济收入达到一定程度，有富余的时间和金钱的前提下才会进行的消费，因此物质基础对于文化消费需求影响很大。我国居民人均可支配收入近几年来逐步提升，但与发达国家相比较有较大差距。收入水平影响文化消费能力，从而抑制文化产品和服务的生产，加之文化产品和服务之间存在可替代性，有限的时间和空间还要进一步被相互挤压，形成所谓的“眼球经济”。

消费者自身的知识水平、理解能力、社会经验、审美能力和偏好，都会参与文化消费偏好的塑造，形成消费差异。文化消费的主要方式就是通过耗费时间和金钱，换取娱乐休闲、压力释放，满足精神需求和社交需求等非生存性需求。优质文化产品和服务的创造，就是为了满足消费者越来越高的精神需求。

而从供给侧来说，文化传承发展的关键是合理开发资源要素，形成高品质有消费价值的文化产品和服务。与文化产业供给直接相关的要素，主要包括文化资源、人才要素、资本投入、基础设施水平等。

优秀原创文化产品的不足，主要指的是拥有独立知识产权的原创精品不足，文化产品竞争力和影响力不足。造成这一原因的相关因素，首要的一点是“辨识度”，具有辨识度的文化特色往往是由文化资源赋予的。这也是习近平总书记多次提到的中华优秀传统文化的创造性转化和创新性发展的重要意义之一。创意能力也是重要的影响因素，主要与人才相关，具有强创意能力的个人和群体（创意阶层）是将文化资源转化为优秀文化产品的关键因素。文化产业品质的提升，需要采取措施筛选、培养扶持和激发创意人才的创意能力。

资本与基础设施是文化产业发展的要件。文化产业资金有三个主要来源，即财政投入和补贴、经营收入、社会资本。财政投入现阶段以文化专项资金等为主，辅助以补贴、奖励等多种支持方式；经营收入主要依靠市场收益决定，与产品供给、定价等商业因素有关；社会资本则包括文化金融等多种社会化投融资方式。

当前，新型基础设施建设成为中国重要的投资领域，被称为“新基建”。“新基建”是以新发展理念为引领，以技术创新为驱动，以信息网络为基础，提供数字转型、智能升级、融合创新等服务的基础设施体系。在文化产业领域，多种数字文化产业新业态密切融入数字基建中，就要全面建设以信息技术交换为主的基础设施，支持面向行业通用需求，建设数据中心、云平台等数字基础设施，完善文化产业“云、网、端”基础设施，打通“数字化采集—网络化传输—智能化计算”数字链条。

案例

作为世界非物质文化遗产的昆曲，长期被贴着阳春白雪、曲高和寡的标签，近些年来却开始受到越来越多年轻人的关注和喜爱。2004年4月，作家白先勇联合海峡两岸暨香港和澳门艺术家，把昆曲《牡丹亭》五十五折的原本撮其精华删减成二十九折，根据21世纪的审美观，保持昆曲抽象写意，以简驭繁的美学传统，利用现代剧场的种种概念，创作出“青春版

《牡丹亭》”，至此重新将昆曲在年轻人中流行起来。在近20年的铺垫和培育下，很多中学生对昆曲好奇，大学生想学昆曲，二三十岁的观众想看昆曲表演，他们对传统文化的自信和喜爱成为昆曲进一步发展的动力。

北方昆曲剧院将经典的北昆版《牡丹亭》进行线上直播表演，与简单的线上播放录像不同，表演地点在古老的正乙祠戏楼，技术则采用多屏直播，观众在手机上可以看到多块屏幕，每块屏幕的视角都不同，观众想从哪个角度看舞台和演员就点哪块屏幕，甚至可以看到后台舞美等视角——这完全是为年轻观众设计的观看演出的方式，刚好可以拿来全方位、无死角地观赏昆曲这种多数人比较陌生的舞台表演艺术。为了吸引年轻人、留住年轻人，北方昆曲剧院对经典剧目的时长、内容比重等进行调整：时长缩减到90分钟，扮相比舞台上略淡雅等。

经典的产生、经典化和守正创新，一定是符合当下的审美才能成功创作和代代相传的。对经典的改编不能简单理解为是在“迎合”某一个群体，而是从供给侧出发，对有利于经典传承的各种途径进行深入研究和探索，在充分研究的基础上大胆创新。

（二）优化文化产业空间布局

在文化供给侧，除了供给与需求之间的错位，还有区域间、城乡间供需错位的问题，需要不断优化文化产业空间布局。文化产业空间布局，也是与国家区域重大战略、区域协调发展战略、新型城镇化战略和乡村振兴战略等重大战略密切相关的。文化资源要素分布原本就不平衡，文化产业空间布局需要加强区域、城乡统筹协调和协同联动。理想的空间布局是多点支撑、各具特色、优势互补、协调发展的，需要引导各地根据资源禀赋和功能定位，发挥比较优势，共同协力优化来实现。

近些年来，国家推动实施京津冀协同发展、长江经济带发展、粤港澳大湾区建设、长三角一体化发展、黄河流域生态保护和高质量发展、成渝地区双城经济圈建设等重大战略，以及长城、大运河、长征、黄河、长江等国家文化公园建设战略，区域文化产业需要围绕这些重大战略发展产业带与产业群。区域文化产业介入上述重大战略的方式各不相同，如京津冀文化产业群重点是围绕支持雄安新区开展文化产业创新实验，培育各类新型文化业态，并围绕2022年北京冬奥会和冬残奥会的契机推动京张高铁沿线的京张体育文化旅游带。

中国经济发展东中西部不平衡，区域文化产业协调发展的重要含义就是统筹发达地区与欠发达地区文化产业发展。鼓励东部地区突出创新引领，率先实现文化产业高质量发展。引导中部地区优化产业结构，培育消费市场，加快文化产业崛起。支持西部地区发挥资源优势，突出区域特色，不断提升文化产业发展水平。东部地区可以同中西部地区、东北地区开展合作与帮扶，实现区域文化产业的优势互补和联动发展。

城市与乡村有着不同的空间布局策略。在城市，文化产业需要融入新型城镇化建设。具体而言，根据城市的不同状况分类实施不同的空间布局优化政策。对于有历史文脉积淀的城市，需要发掘城市文化资源，发展城市文化产业，保护和延续城市历史文脉，打造历史底蕴厚重、时代特色鲜明、文化气息浓郁的人文城市。对于城市化和工业化起步较早的老城市，重点则放在局部或整体的城市更新上，如利用城市历史建筑、工业遗产、旧厂房、旧街区、旧仓库等存量空间发展文化产业，促进城市更新和产业升级，助力老工业城市和资源型城市转型。对于城市群、都市圈和中心城市，可以与周边协调发展，形成区域文化产业发展高地和协同创新中心，或者大中城市和小城镇的联动发展。对于不符合前述条件的中小城市和小城镇，则适宜于立足特色资源和产业基础，因地制宜发展特色文化产业，促进城镇居民、农业转移人口就业增收。

在乡村，文化产业空间布局直接通过文化引领、产业带动的方式参与乡村特色文化产业建设。2022年，文化和旅游部、教育部、自然资源部、农业农村部和国家乡村振兴局、国家开发银行联合印发《关于推动文化产业赋能乡村振兴的意见》，统筹优秀传统乡土文化保护传承和创新发展，推动文化产业人才、资金、项目、消费下乡，着力于创意设计、演出、音乐、美术、手工艺、数字文化等文旅、文化科技融合的赋能项目。中共中央网络安全和信息化委员会办公室等机构联合印发的《2022年数字乡村发展工作要点》，也提出持续推进乡村数字化建设，推动5G网络、农产品电商网络的发展，深化信息惠民服务。在这些利好政策的加持下，农村地区鼓励大力发展县域和乡村特色文化产业，推进城乡融合发展，促进要素更多向乡村流动，建设一批文化产业特色乡镇、文化产业特色村，促进乡村特色文化资源、传统工艺技艺与创意设计、现代科技、时代元素相结合。推动脱贫地区特色文化产业可持续发展，助力巩固拓展脱贫攻坚成果同乡村振兴有效衔接。通过挖掘乡村文脉和民俗、非遗资源，打造"一地一品"，培育乡村特色文化产业项目等方式推动乡村文化产业发展。

（三）文化产业供给侧结构性改革的路径

文化产业供给侧结构性改革的主旨，是促进供需两端的机构优化升级。为实现这一目标，既要在供给侧发力，又要把不断满足人民群众日益增长、不断升级和个性化的文化消费需求放在第一位，把实施扩大内需战略同深化供给侧结构性改革有机结合起来，还要着力于加强需求侧管理，以高质量供给引领和创造新需求，以需求变化引领供给体系和结构升级，努力形成需求牵引供给、供给创造需求的更高水平动态平衡。从文化产业链的角度来看，文化产业供给侧结构性改革涉及文化产品生产、传播流通、消费、场域等全部环节。

在文化产品生产环节，需要扩大优质文化产品供给。第一，需要确立正确的文化产品生产导向。文化产品是具有意识形态属性的，优质文化产品的供给，需要牢固树立以人民为中心的创作生产导向，以社会主义核心价值观为引领，突出思想内涵，发扬工匠精神，不断推出思想精深、艺术精湛、制作精良的优质文化产品。第二，做好中华优秀传统文化的转化，做好原创文化产品的丰富形态。把传统文化与时尚元素、中国特色与世界潮流结合起来，推动创作生产更多传承优秀传统文化、满足现代消费需求的文化创意产品。鼓励和支持文化企事业单位、个人加强内容原创和产品研发，推动戏剧、音乐、舞蹈、美术、动漫、创意设计、工艺美术等文化产品创作生产，推出更多以互联网、移动终端等为载体的数字文化产品。第三，兼顾不同消费群体的文化产品。根据消费者的不同特征进行生产，尤其是兼顾少年儿童、老年人等群体。支持创作生产适合不同年龄段少年儿童身心发展状况的文化产品，积极应对人口老龄化，鼓励研究开发适应老年人文化需求的文化产品和消费模式。

在文化产品传播和流通环节，需要完善文化产品传播和流通体系，促进文化产品顺畅有序流动。从传播的角度，鼓励和支持文化传播渠道建设，发挥各类文化传播渠道作用，推动文化产品传播。从流通的角度，从线上线下同时发力，线下发挥各类文化产业展会交易平台作用，鼓励搭建统一开放的区域性文化产品展示交易平台；线上鼓励发展文化电子商务及电子票务、演出院线等现代流通组织和流通形式。

在文化产品的消费环节，采用多种形式释放文化消费潜力。从机制上，通过推进文化和旅游消费等各种示范城市和区域和试点城市和区域建设，引导和推动各地创新体制机制、完善政策措施，促进消费潜力持续释放。从促进消费的活动上，鼓励各地因地制宜举办文化消费季、消费月、消费周等多种形式促进消费活动，完善常态化消费促进机制。从文旅产品角度，重点推进夜间文化和旅游消费产品开发。从文化消费新模式角度，创新文化消费场景，培育网络消费、定制消费、体验消费、智能消费、互动消费等新型消费，实现线上线下融合互促。

在文化消费场域环节，要改善文化消费环境。从硬件建设角度，改造现有文化消费场所，推动传统商业综合体向文体商旅综合体转型，提升文化消费场所的服务设施和服务体验。从软件建设角度，开发网络消费模式，提高文化消费便捷程度，推动文化消费数据监测体系。

第二节 促进“文化+”多领域融合发展

2010年以来，中国文化产业发展进入一个新的阶段，增速下降和结构提升是最大的特点。文化具有无边界特征，产业链条较长，又随着数字时代的到来逐渐具有网格化特征，更加具有可链接、可叠加的空间，文化越来越多以“文化+”的面目出现，与其他产业出现联动、渗透、融合、碰撞、创新，文化与其他领域的融合发展成为文化产业发展的显著特征。

习近平总书记多次提到，要顺应数字产业化和产业数字化发展趋势，加快发展新型文化业态，改造提升传统文化业态，提高质量效益和核心竞争力。要围绕国家重大区域发展战略，把握文化产业发展特点规律和资源要素条件，促进形成文化产业发展新格局。文化产业和旅游产业密不可分，要坚持以文塑旅、以旅彰文，推动文化和旅游融合发展，让人们在领略自然之美中感悟文化之美、陶冶心灵之美。这进一步促进了过去被称为“文化产业化”与“产业文化化”的进程。“十四五”时期，文化产业与科技、旅游、制造业、农业等领域和行业会进一步深入融合发展，这是建设社会主义文化强国征途里文化产业发展的新特征和重点领域。在《“十四五”文化产业发展规划》中的基本原则之一，就是“坚持融合发展”。

案例

中国文艺界“老字号”北京人民艺术剧院推出8K数字技术《茶馆》线上直播，旨在培育新观众群体，让那些不太了解人艺剧目或有一段时间没进剧场看剧的观众，在线观看后会认为人艺的剧目好看，进而愿意来剧场看戏。实际上，由于线下剧场人数一场至多只能容纳700人，人艺经典剧目和明星剧目常年一票难求，线上直播不光是吸引了年轻观众，也让海内外热爱戏剧但没机会在现场观看演出的各年龄观众都获得同步观看人艺话剧的机会。《茶馆》8K线上直播，一天的在线观看人数达到5000万人次，整个系列线上播映活动共吸引超过1.4亿人次观看。在后续人艺的《鸟人》在线话剧播出中，也实现900万人次在线观看。

案例启示：在戏剧观映中，现场的沉浸感是录播和直播无法替代的。但对于北京人民艺术剧院和《茶馆》等品牌来说，数字技术的引入是品牌利用经典产品引流的新手段。这一方式适用于有用户基础和品牌知名度的线下文化产品实现巩固既有用户，又吸引新用户。

（一）数字文化产业崛起是中国文化产业发展新阶段的核心特征

根据2020年出版的《文化蓝皮书：中国文化发展研究报告》总报告的研究，从2010年以来，中国文化产业发展进入一个新的阶段，增速下降和结构提升是最大的特点，数字文化产业的崛起是核心特征。

首先是增速下降。如果将国家统计局2004年后每年公布的全国文化及相关产业增加值增长统计报表排列起来做一个纵向比较，就可以看到明显地分为两个阶段：2004年到2010年是个“飙升”阶段，年均增长率达到23.4%；2010年以后一路下降：2011年21.96%，2012年16.5%，2013年11.1%，2014年12.1%，2015年11%，2016年13%，2017年10.8%，2018年8.2%，2019年7%（规上企业）。（2020年遭遇疫情，发展速度大幅下降，仅增长2.2%，不能算作常规态势）可以说，中国文化产业以规模扩张为主要特点的阶段已经基本结束，进入仅高于内生产总值3%~5%的“平台期”。

其次是结构提升。在2010年后，我国文化产业发展速度下降的同时，出现重大的结构变化，带动发展方式转换。2015年，以“互联网+”为主要形式的文化信息传输服务业是投资额增长最快的行业，比上年增长77.0%；2016年后披露的“规模以上”

文化企业增长数据，每年文化信息传输服务业都是分行业增长最快的：2016年30.3%，2017年34.6%，2018年24%。2019年国家统计局使用新版统计指标体系，其中显示，文化新业态特征较为明显的16个行业小类实现营业收入19868亿元，比上年增长21.2%；占比为22.9%，比上年提高2.1个百分点。其中，互联网其他信息服务、可穿戴智能文化设备制造的营业收入增速超过30%。以上数字充分显示出结构变化之剧烈。

根据2019年8月国务院发展研究中心发布的《中国数字文化产业发展趋势研究报告》的测算，2017年全国数字文化产业增加值达到1.03万~1.19万亿元，以统计局公布的2017年文化及相关产业增加值总数34722亿元计算，占比应该达到34%左右。按照这个比重，估计数字文化产业对于我国文化产业增加值的贡献率会达到70%以上。这些数据清楚地说明，数字技术相关行业已经崛起，在数字技术的创新驱动作用下，文化产业的结构变化已经完成。

很显然，在数字技术作用下，我国文化产业已经可以分为与数字技术“高相关度”和“低相关度”两种行业集群，以“数字文化产业”命名我国文化产业诸行业门类中与数字技术高相关度行业是恰如其分的。可以说，如果没有数字文化产业的高速发展，我国文化产业的整体发展速度可能会低于内生产总值发展速度。因此，“数字文化产业”的兴起是中国文化产业发展新阶段的核心特征。

（二）文化与科技融合

2008年全球金融危机刺激数字和网络技术的大规模商用，推动我国文化产业中与数字技术高相关度的部门爆发式增长，实现令人叹为观止的整体结构跃迁。从2015年开始，国家统计局每年发布文化及相关产业规模以上企业数据，其中特别区分出“以‘互联网+’为主要形式的文化信息传输服务业”，从中可以看出文化产业与数字技术高相关度门类的暴涨态势。从前端看，“互联网+中华文明”政策正在深度盘活海量中华优秀传统文化资源；从中端看，在5G赋能下，超带宽带来的高速度和低时延，正在建立更加快速而广泛的连接，为各种新技术如虚拟现实技术的应用提供了无限可能；从后端看，数字文化消费空前活跃：电竞游戏、网络文学、网络综艺、短视频直播、智慧旅游等迅速发展，成为目前大众文化消费的主要产品。展望未来，数字文化与文旅、教育、医疗、交通甚至制造业都有深度融合的广泛前景，显示出若干万亿级的蓝海市场。

一直以来，文化行业的迅猛发展都离不开科技的助推。在数字和网络技术大发展的今天，数字技术和文化艺术的“深度融合”更是达到前所未有的程度，以至于出现“数字文化产业”这一全新的综合行业类型。更重要的是，这一融合过程刚刚开始，全球每天都会出现成千上万种新技术，其中有一些能够与文化产业产生化学反应，为文化的创新、生产、传播、展示、消费赋能的新技术。目前有八大技术群最为活跃：（1）5G通信技术；（2）人工智能技术；（3）云计算技术；（4）大数据技术；（5）区块链技术；（6）增材制造技术；（7）物联网技术；（8）数字图像处理技术。

文化与科技的融合，形成“文化新业态”，也就是以文化科技融合为动力，以数字技术为基础，以“互联网+”为业务形态，以平台生态为载体，覆盖全行业，并在每个行业门类起到趋势引领作用。以“新业态”为基础，形成“新模式”，即这种新的活动形态在企业组织层面完成要素整合，固化为有独特竞争力的商业闭环；最后是“新产业”，可以理解为具有新模式共同特征的企业形成集群，显示出新型产业特征。这一递进逻辑实际上揭示了数字文化产业高质量发展的逻辑路径。

从目前文化与科技融合的进程来看，已经形成12个值得关注的文化新业态：

业态1：休闲观光活动正在走向全场景智能生态。虚拟云游服务技术的产生，复制现实与复原历史的呈现形式，线上“种草”线下引流，让休闲观光活动走向全场景智能生态成为可能。

业态2：数字文旅综合服务平台将成为景区标配。数字技术开创全域智慧旅游新形态，未来将实现文旅综合服务平台的常态化。

业态3：数字IP线下打造体验场景渐成生态圈。大数据互联网技术引发数字IP热门转化，未来将构建IP线下转化的协同化。

业态4：虚实相生引领沉浸式业态满足立体观感。虚拟现实技术催生沉浸式艺术体验展，未来沉浸式项目将重构商业空间，娱乐之外，更具理念和人文情怀。

业态5：科学与艺术泛融合激发演艺装备新需求。互联网科技促进演艺装备迭代，未来演艺装备行业将逐步深入，演艺装备智能化成为趋势，演艺采编播系统全面升级。

业态6：生态系统数字化演进呼唤平台革命。提升数字文化产业资源配置效率，未来平台经济将更加规范、更有活力、更高质量发展。

业态7：区块链技术助力创意确权繁荣版权交易。分布式账本、公钥加密和时间戳等技术降低确权成本，未来基于区块链的版权交易有望迎来更大发展空间，AI大数据等技术将推动区块链版权服务得到快速发展，区块链版权激发优质内容产出，版权付费氛围有望形成。

业态8：4D打印和超材料激发创意衍生品制造。4D打印和超材料引发跨学科的研究和技术进步，未来其应用领域不断扩大，文创产品中引进4D技术将不再遥远，4D文创也将推动文创产品市场跨越式发展。

业态9：数字展示馆打破时空限制实现超级链接。虚拟现实技术助力数字展示馆发展，未来将全方位提升观展体验。

业态10：云演艺从应急之举一跃成为超级舞台。多场景户外LIVE+跨屏推动云演艺发展，未来将实现线上线下密切联动共同发展。

业态11：短视频即将进入个性化全息影像时代。短视频技术升级拓展行业发展半径，未来垂直细分领域仍有发展空间。

业态12：物联网守护文物安全。物联网技术强化文化流动监测情况，未来文物安全将通过物联网一体化来得以保障。

案例

将文化与科技主动结合来促进旅游发展，已成为各地的共识。以北京市为例，非遗旅游、红色旅游等，都主动尝试与科技结合的不同路径，具有代表性。

北京市东城区非物质文化遗产保护中心推出《东城非遗云游趣图》，汇集了东城非遗资源内容、趣游线路、打卡点位，尤其是VR技术的加持让游客可以实现“云游览”。比如，点开“养生在东城——吃点讲究的”这条线路，包含了都一处烧麦、全聚德挂炉烤鸭、便宜坊焖炉烤鸭、天兴居炒肝等9项非遗技艺。听众还可以在线倾听老北京的鸽哨、回荡在老胡同里的叫卖声、智化寺的京音乐，在线观赏天桥杂耍、京绣等。

数字藏品借助区块链技术，通过对每个数字藏品赋予独一无二的“数字证书”的方式，成为重要的宣传方式和虚拟文化产品。北京市东城区文旅局与腾讯、京东、开元燊泰合作，在京东智臻链数字藏品平台上共同发售燕京八绝系列主题数字藏品。第一款产品京绣“清代文武一品官补”是东城区国家级非遗传承人孙颖大师的作品，售价29.9元，限量5000份，很快就被一抢而空。

北京香山是中国革命胜利前夕党中央所在地，是承载党的伟大革命精神的重要红色纪念地。北京市香山公园是首个试点5G应用场景的市属公园，公园利用AR、VR、手机移动端等数字技术手段，使红色历史、红色景点变得更容易接近。比如游客在公园内按提示安装“AR地图”APP后，布置在园区里的5G设备可自动触发手机导航，引导游客走进双清别墅、来青轩等革命旧址。此外，如果游客将摄像头对准双清别墅、来青轩，手机将自动加载虚拟素材，播放视频画面，为游客讲解红色故事。

（三）文化与旅游融合

习近平总书记指出，文化产业和旅游产业密不可分，要坚持以文塑旅、以旅彰文，推动文化和旅游融合发展，让人们在领略自然之美中感悟文化之美、陶冶心灵之美。这点出了以文化提升旅游的内涵品质，以旅游促进文化的传播消费，实现文化产业和旅游产业双向融合、相互促进的融合关系。高质量文旅融合是推进文化与旅游在更广、更深、更好地实现深度融合，通过更好地满足人民群众日益增长的文化和旅游生活需要，助推中华文化走向世界，加强国家形象的国际亲和力和民族文化的国际影响力，助力社会主义文化强国建设。

高质量文旅融合是现代文化产业体系重要组成部分，能够实现文化与旅游产业的可持续发展。一是从中央到地方的文化和旅游机构改革基本完成，文旅融合的体制机制日益完善，文化与旅游产业融合的路径被打通。随着政策环境不断优化，深化体制改革，加强顶层设计，完善产业政策，文化旅游产业高质量发展的环境得以保障。二是文旅市场日益成熟，文化旅游资源和市场活力被调动，精确梳理需求侧的受众需求，减少低端无效供给，提升供给效率，将更多文化遗产、文化资源、文化要素，转化为深受旅游者喜爱的个性化、特色化和多样化文化旅游产品。三是实施文化产业项目带动战略，整合资源、资本和市场，以富有文化底蕴的世界级旅游景区和度假区、文化特色鲜明的国家级旅游休闲城市和街区为龙头，通过文化科技融合形成的各种文化新业态，形成具有国际竞争力、影响力的骨干文化旅游企业和知名文化旅游品牌。

文旅融合重点业态。推动旅游演艺、文化遗产旅游、研学旅游、主题公园、主题酒店、特色民宿等业态提质升级，不断培育融合新业态。推进旅游演艺转型升级、提质增效，鼓励各地因地制宜发展中小型、主题性、特色类、定制类旅游演艺产品，鼓励合理规划建设旅游演艺集聚区。加强对文化遗产资源价值的挖掘，鼓励依托文物、非物质文化遗产资源大力发展文化遗产旅游、研学旅游，开发集文化体验、科技创新、知识普及、娱乐休闲、亲子互动于一体的新型研学旅游产品。规范发展富有中国文化特色、体现中国文化元素、科技含量高的主题公园。推进数字经济格局下的文化和旅游融合，加强数字文化企业与互联网旅游企业对接合作，促进数字内容向旅游领域延伸，强化文化对旅游的内容支撑和创意提升作用。积极利用数字展示、虚拟现实、增强现实、全息投影等技术，加大数字化、沉浸式、互动性等文化和旅游项目设计开发。

文旅融合发展载体。建设一批文化和旅游资源丰富、产业优势明显、产业链深度融合互促的国家文化产业和旅游产业融合发展示范区，着力打通上下游产业链，进一步提高供给质量。统筹文化和旅游资源发掘利用，推动更多文化资源要素转化为旅游产品，建设一批富有文化底蕴的世界级旅游景区和度假区，打造一批文化特色鲜明的国家级旅游休闲城市和街区，发展红色旅游和乡村旅游，让人们在领略自然之美中感悟文化之美、陶冶心灵之美。推动多元文化元素和特色文化体验融入食、住、行、游、购、娱等环节，为旅游注入更加优质、更富吸引力的文化内容。鼓励各地因地制宜培育地方特色鲜明、文化内涵突出、游客参与度高的文化节庆活动。

案例

2017年，敦煌研究院“数字丝路”计划启动，在数字企业的帮助下，通过游戏、动漫、旅游、音乐、云、AR、VR技术等六大维度，深入推进，保护、传承、活化敦煌的传统文化，并先后推出“敦煌诗巾”“云游敦煌”等数字化文创产品，让游客真正实现在手机上“云游”敦煌。

1.用科技手段践行保护理念

敦煌莫高窟有着1600多年的历史，有自然和人为因素的双重影响，其珍贵的彩塑、壁画损耗程度在不断加剧。20世纪80年代末期，敦煌研究院开始做壁画的数字化保护工作。“数字敦煌”项目利用先进的科学技术与文物保护理念，对敦煌石窟和相关文物进行全面的数字化采集、加工和存储。把图像、视频、三维等多种数据和文献数据汇集起来，构建一个多元化与智能化相结合的石窟文物数字化资源库，通过互联网面向全球共享。

2014年成立的敦煌莫高窟数字展示中心利用当代先进的信息技术和展示手段，通过全方位、立体化的虚拟洞窟场景，如中心球幕影院播放的《梦幻佛宫》是敦煌莫高窟经典洞窟虚拟漫游电影，采用8K影院系统等最新技术，实现带给游客“人在画中游”的沉浸式的体验。2016年正式上线“数字敦煌”资源库，面向全球免费开放30个精品洞窟的高清数字化图像及全景漫游。用户可以在浏览欣赏精美石窟艺术的同时，查阅相关文献资料，随意检索感兴趣的内容以及应用VR互动，了解整个洞窟的空间结构和主体内容。

2.“云游”敦煌的多种打开方式

2020年推出的“云游敦煌”小程序，上线仅两个月，在线接待游客超1200万人次，相当于莫高窟2019年接待量216万的5.5倍，被业内誉为“现象级旅游产品”。

根据敦煌文化IP创作的“敦煌动画剧”，包括《神鹿与告密者》《太子出海寻珠记》《谁才是乐队C位》等5部作品，均以莫高窟经典壁画为原型，每集不超过5分钟。动画短剧的拍摄手法是把壁画数字图拆分为多个片层，再以类似“皮影”方式赋予运动，辅以特效和景深，同时保留敦煌壁画最有特点的“黑面”角色、斑驳矿物颜色肌理、平面无透视空间等“原味”。动画作品在上线几日就吸粉破百万，“千年壁画，声动上映”一时成为网络话题焦点。

3.“云游”成了文化旅游新蓝海

2020年新冠疫情之下，用户出游计划被迫取消，“云游”项目出现满足了用户在家游览的需求。国内多个城市多家景区开通线上游览服务，与在线旅游厂商、科技厂商合作，推出VR虚拟旅游体验、语音导览等项目。例如，携程发起“景区云旅游”活动，联合供应商免费开放超过3000家景区的近7000条语音导览产品；同程启动“云旅行”VR体验计划，推出“看全景，听语音”线上云游专题活动。

此外，旅游科技型公司受到资本市场的青睐。据市场研究机构统计，自2013年至2017年，旅游科技创业公司的融资已达1300次，总金额已高达150亿美元。其中，美国旅游科技企业占全球38%，其次是中国，占比26%，印度、英国、法国、印度尼西亚和德国各占全球资金份额的3%~7%。

（四）文化与其他产业融合

在建设社会主义文化强国的目标牵引下，促进文化产业与国民经济相关领域深度融合，进一步拓展文化产业发展空间，以文化赋能经济社会发展。

持续探索文化产业与文化事业融合互促的有效机制，促进保障人民文化权益与满足多样化文化需求有机结合。推动文化产业发展融入生态文明建设全局，助推形成节约资源和保护环境的空间格局、产业结构、生产方式、生活方式，为构建美丽家园、建设美丽中国提供文化动力。推动文化与农村一、二、三产业融合发展，提升农产品创意设计水平，合理开发农耕文化、农业文化遗产，支持发展富有文化创意含量的农耕体验、田园观光、阳台农艺等特色农业。

提升日用品、家居用品、家用电器、电子产品、服装服饰、体育用品等消费品文化内涵和设计水平，增加多样化供给，引导消费升级。鼓励发展品牌授权，提升制造业和服务业的品牌价值和文化价值。

推动文化与商业深度融合，鼓励打造一批汇聚艺术表演、阅读分享、观影体验等消费业态的文化商业综合体。提升城乡规划和建筑设计文化含量，把更多美术元素、艺术元素应用到城乡规划建设中，增强城乡审美韵味、文化品位，服务高品质生活需求。鼓励各地依托自然人文资源举办特色体育活动，支持发展体育竞赛表演等业态。推动文化产业与健康养老产业结合，支持开发承载中医药文化的创意产品。

案例

现今的艺术展览早已不只是平面与静态的欣赏，反而充满多感官体验与互动。传统审美观念中，观众和作品之间的关系是“静观”，存在空间和心理上的距离和隔阂。在这个时代，一个简单的、平面的展览，或是一出传统的戏剧已经很难满足观众。今天当代艺术更多谈到的是“融入”，强调主体与对象相互渗透。将传统空间赋予沉浸式体验，才能让观众获得感官上的享受。沉浸式艺术就是这样一种艺术形式，是一种主体对客体的全方位包围、置入。

沉浸式艺术以虚拟现实、增强现实、人工智能、5G技术、区块链等，创造出人与环境、主观与客观、真实与梦幻之间无数种鲜活灵动的关系。AR技术融合图像智能识别和空间呈像技术，能够实现虚拟图像与现实的融合，VR技术能够通过高清建模和全景视频打造真实的临场感，二者都能够让人们的视角超脱于现实，让所见的景象更加生动逼真。

在文化产业领域中，目前已经出现沉浸式演艺、沉浸式游戏、沉浸式影视、沉浸式展览等一系列丰富的形态。博物馆可以借助VR技术还原文物古迹或历史场景；酒店可以通过VR技术帮助游客360度了解环境，完成预订决策；游乐场不断推出AR体验馆、VR电影等数字化旅游项目。

“梵高还活着”多感官体验展览就是这样一个艺术形式。该展览采用最新的感映技术来投射梵高画作高清浸入式图像，用这种现代化的方式将百年前的大师作品再次进行诠释，把展览馆摇身一变成为多媒体画廊，将多屏幕投影技术和梵高的绘画艺术相结合，已经在超过50多个城市展出，是世界上访问最大的多感官体验展。

2019年6月22日，国家博物馆（北京）“心灵的畅想——梵高艺术沉浸式体验”展亮相。展览利用360°全息全景超高清激光投影设备和VR逼真虚拟现实技术，再现超200幅梵高画作的全息视频影像作品，重建梵高内心的艺术世界。该展将利用1500平米的超大体验空间分设9大区域，即艺术家生平、沉浸式主厅、星空沉浸式厅、花瓶投影厅、梵高卧室、纪录片放映厅、VR虚拟现实厅、互动绘画体验厅、衍生品商店。这些区域充分利用“声光”技术，将逾百幅梵高名作还原成3D场景。

1. 沉浸式全息影像复活梵高名作

尽管梵高真迹并不在现场，但体验展通过声光影全面结合，真实再现梵高强大又富有张力的笔触手法，让观众无须漂洋过海，便可以尽情欣赏堪比原作效果的全息影像。

梵高星空艺术馆，是一家以梵高作品为主题的艺术馆，里面用4D魔幻装置艺术向参观者展现梵高人生的知名巨作，还有50+大主题场景，满满的都是艺术气息。虽然在新西兰和悉尼的展览艺术性更纯粹，但梵高星空艺术馆也能让参观者与梵高面对面。

2. 多艺术手段丰富感官体验

“梵高还活着”展览配合不同的声音及交响乐，打造出振奋人心的梵高艺术展，让观众忘记所有界限，彻底敞开心扉去迎接一种意想不到的艺术互动方式。展览现场，梵高作品中的肖像悉数“复活”，光影投射在墙体不断伸缩移动，伴随影像漫步的，还有激荡人心的原创音乐。它摈弃传统博物馆参观的所有先入为主的习惯性行为和想法，通过美术馆先进行对于脚步声的消音效果处理之后，再配合灯光、色彩和声音形成充满活力的交响乐团。

3. TeamLab

TeamLab创立于2001年，是汇集艺术家、程序员、工程师、CG动画师、数学家、建筑师等各个领域专业人士的跨学界艺术团队，近几年来已发展成为全球最具影响力的数字化新媒体艺术创作团。他们将数字技术注入艺术作品，以共同创作将艺术、科技、设计和自然界等融为一体，通过艺术展形式，让人与自然成为相融相通的整体。

2015年，TeamLab在米兰世博会的日本馆展出两件互动数字艺术作品——《共存》和《多样》，以“和谐多样性”来呼应世博会的主题；2016年美国硅谷“Living Digital Space and Future Parks”大型个展，吸引超过15万人参观，其作品连续两年被全球知名线上杂志《designboom》评为“全球十大必看艺术展”。2017年TeamLab在北京、深圳、武汉一票难求，仅在深圳5个月的展期，TeamLab就收获38万参观人次，这是深圳当时观展人数最多的主题展。

2018年6月21日，TeamLab和MORI Building（森大厦）株式会社共同经营的位于东京台场的大规模数位美术馆“MORI Building DIGITAL ART MUSEUM：TeamLab Borderless”正式开放，这无疑是TeamLab在2018年呈现的最大规模的作品集合展。此次展览空间面积达到一万平方米，通过由包括520台电脑、470台投影仪在内的大规模科技的使用，打造出包括“Borderless World”、“TeamLab运动森林”、“Future Park（未来游乐园）”、“呼应灯森林——一笔”和“En Tea House（幻花亭）”五个复杂立体又瞬息万变的梦幻世界。这样的美术馆展览形式，在半年内吸引超过170万参观者。

据《2019全球沉浸式设计产业发展报告》的数据显示，沉浸式产业持续增长，未来有着不可预估的商业想象。截至2018年，沉浸娱乐产业在全球范围内已有超过45亿美金的市值，如果计入452亿美金的主题公园产业，则有总计近500亿美金的市场规模，远超411亿美金的全球电影票房市值。与此同时，近5年来，从业者社群不断壮大，沉浸体验设计公司保持着平均每年20%的增长，仅2018年北美地区就有700个新的沉浸式项目面世，跨界与融合促进体验模式的不断创新迭代——实验（沉浸）戏剧、游戏设计、虚拟现实、艺术博物馆、VR体验点、快闪品牌营销等不一而足。相较之下，中国的沉浸式娱乐虽然经历了初期的小爆发，却依旧处于初期阶段，未来不仅有更为丰富的发展前景，在品类和体验开发上还有很大的想象空间。

随着新技术的发展，近年来的展演空间呈现出高科技化、形式多样化的发展趋势，许多新兴的技术手段被运用到展演空间的设计中，如多媒体技术、虚拟现实技术等。与过去的展演空间设计相比，沉浸式展演空间更加注重观众的参与感，强调运用多种表现手段，塑造多维度的观展体验。

1.沉浸式项目重构商业空间

沉浸式体验现已成为一种设计、艺术、科技“三位一体”的时代互联网基因产品，是实现科技与人文完美结合的操作手段。未来的剧场、影院、展馆等各个领域、业态都会更加关注新交互形式的设计，以提升用户感官的愉悦度，让用户感到沉浸和满足。未来的商业空间将继续学习与沉浸式相关的逻辑结构，找到符合其商业特质的沉浸形式，使人们在艺术氛围中获得崭新的感官体验。因为，“沉浸式设计”可能在未来会成为常态。

2.娱乐之外，更具理念和人文情怀

未来的沉浸式艺术项目中，将更加注重策展理念和作品创作中的问题和导向意识，传递文化观念，表达人文情怀，通过一个故事或一个主题将观众更好地带入作品中，引领观众思考展览背后的内涵，这样才能避免把沉浸式展览打造成大众娱乐消费的游乐场。

在全息投影技术、裸眼3D技术、互动体验技术、数字动画技术、5G、AI、AR、VR、MR、人工智能等高新技术的助推下，沉浸式数字艺术展览、沉浸式数字艺术演艺、沉浸式数字设计等产品层出不穷。所以，我们看到平面的展览、传统的舞台戏剧在“升级”，传统空间被注入“真真假假”的叙事元素，一场场“全沉浸式”的感官盛宴，让文化消费者的获得感、幸福感愈加丰富，全方面沉浸在精心营造的幻妙氛围中，形成难以忘怀的场景体验。沉浸式艺术体验正在全面铺开，展现出各种可能。

第三节 培育文化产业国际合作竞争新优势

当今世界百年未有之大变局加速演进，经济全球化面临着严峻的考验。和平与发展仍然是世界的主题。但和以往相比，今天的世界面临着更多不确定因素，我们不得不灵活争取国际合作主动权并在竞争中保持优势。习近平总书记强调，要积极主动扩大对外开放，打造国际合作竞争新优势。2020年以来，习近平总书记又多次强调“培育新形势下我国参与国际合作和竞争新优势”，这在2021年发布的《“十四五”文化产业发展规划》中，被确定为我国“十四五”时期文化产业国际发展的任务，具体定义为：基于国内国际双循环的新发展格局，以国内大循环为基础，立足于此吸引全球文化资源要素，发挥比较优势，协同推进国内文化产业发展和国际合作，充分利用国内和国际的两个市场和两种资源，以讲好中国故事为着力点，坚持经贸往来和人文交流协同推进、高水平走出去和高质量引进来并重，构筑互利共赢的文化产业合作体系，培育新形势下文化产业参与国际合作和竞争新优势。为完成这一任务，需要从三方面发力，分别是构建文化产业国际合作新格局、增强对外文化贸易综合竞争力和创新文化产业国际合作支撑体系。

（一）构建文化产业国际合作新发展格局

国际合作具有一些基本原则，如共商共建共享、互相尊重、合作共赢等，为实现这些国际合作，政府间需要在战略、规划、政策、标准方面保持各种跨地区、跨领域的多边对话协调，文化企业家之间的交流对接以及各国职业经理人、创意策划人才和经营管理人才的交流互访是国际合作的直接举措[①]。

“十四五”时期，从机制建构的角度，我国将实施文化产业和旅游产业国际合作三年行动计划，旨在积极构建务实高效的多层次政府间产业政策协调对话机制，推进战略、规划、机制对接。同时，依托多边经济治理机制，推动形成更多跨区域、跨国界、跨领域的文化产业合作多边机制。尤其是在“一带一路”沿线国家和地区，我国将坚持共商共建共享原则，加强与亚洲、非洲、拉美等市场的政策、资源、平台和标准对接。

在文化企业和相关国际组织层面的联络方面，我国将引导文化企业深耕传统出口市场、拓展新兴市场，逐步提高自贸伙

① 李怀亮，《培育文化产业国际合作竞争新优势：格局、能力和支撑》，《中国文化报》2021年6月8日。

伴、新兴市场和发展中国家在我国对外文化贸易与合作中的占比，扩大与周边国家文化产业合作规模。保持中日韩文化产业论坛、中国—中东欧国家文化创意产业论坛等长效合作机制高效运行。加强与全球文化领域专业国际组织的联系对接，提高参与全球治理能力，提升全球产业资源调配能力和贸易规则平衡能力。

（二）增强对外文化贸易的综合竞争力

近几年来，中国文化产业在国际市场总体格局中的地位不断提高，贸易规模和国际市场份额提升，贸易结构持续优化，业态模式不断创新，为世界文化贸易复苏发挥重要的推动作用，这与我国不断增强的文化贸易综合竞争实力紧密相关。这表明，在对外文化贸易领域，综合能力的培养是实现“十四五”发展目标，建构文化产业国际合作与竞争新优势的关键因素。如果说文化产业的国际合作新格局的建立，需要政府在其中提供大量的协调和联络工作，竞争力的打造和体现则主要依托作为市场主体的文化企业的积极参与。

对外文化贸易综合竞争力的提升，需要坚持以企业为主体、市场为导向。我国文化企业要提高参与全球治理能力，提升全球产业资源调配能力和贸易规则平衡能力，提高跨国经营水平和能力，增强国际市场研判能力和市场开拓能力，提高涉外知识产权维权能力[1]。这些能力的提升，都旨在培育具有国际竞争力的外向型文化企业，开发具有中国特色、中国风格、中国气派，并受国际市场欢迎的文化产品和服务，打造一批有国际影响力的中国文化品牌，与各国共同推动实施一批文化产业合作项目。

除了自身的实力增强，文化企业还需要紧跟时代发展，重点发展以下领域：数字文化产业，要培育数字文化产业国际竞争优势，向国际市场输出优秀数字文化产品和服务；文化装备生产，要支持具有国际竞争力的文化装备生产企业开展国际合作；文化投资，要扩大境外优质文化资产规模，优化境外投资结构和布局；全球产业链和供应链，支持文化企业融入全球产业链供应链，提高跨国经营能力和水平；国际标准制定，要加强优势领域国际标准制定和推广。

（三）创新文化产业国际合作支撑体系

过去对于国际合作支撑体系建设，主要集中在技术、金融、制造业等领域。“十四五”期间，我国文化产业要创新国际合作支撑体系，这是对培育新形势下我国参与国际合作和竞争新优

① 李怀亮，《培育文化产业国际合作竞争新优势：格局、能力和支撑》，《中国文化报》2021年6月8日。

势发展目标实现的基本保障。

作为支撑体系，需要从点到面的全面建设，既包括基地、园区等基础设施的建设，又包括交易、信息平台的搭建，人才的流动、交流、合作机制的建构，还有研究的支撑和法律的保障。具体而言，在基础设施方面，“十四五”期间需要合理布局一批国家对外文化贸易基地，引领企业开拓海外文化市场，推进文化贸易服务平台建设；支持龙头企业与各国合作伙伴共建文化产业园区、孵化器和双创中心等。在平台建设方面，推动文化贸易平台建设，实施“中国展区”计划，支持文化企业参加境内外重要国际性文化展会；推动信息平台建设，汇集并发布各国重点行业领域渠道、平台和动态信息。在人才保障方面，与各国合作开展职业经理人、创意策划人才和经营管理人才等的交流互访，多渠道吸引国外优秀创意人才来华创新创业，并推动建立文化产业国际合作联盟。在研究和法律保障方面，开展国际文化市场细分行业研究，形成文化产业发展国际咨询机制；支持文化企业开展涉外知识产权维权等。

这些支撑体系，在“十四五”期间将通过一系列项目来实现，如产业国际合作重点项目、国家对外文化贸易基地建设、“中国展区”计划、产业国际合作联盟、文化和旅游国际市场信息服务机制，以及数字文化产业标准国际化。这些项目的实施，将对我国文化产业参与国际循环起到重要支撑作用。